INNOVATIVE
APPLICATION ROADMAP OF
INTELLIGENT CONNECTED VEHICLES

智能网联汽车
创新应用路线图

国家智能网联汽车创新中心　著

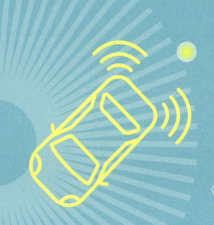

机械工业出版社
CHINA MACHINE PRESS

国家智能网联汽车创新中心、中国智能网联汽车产业创新联盟集合行业内外 80 余家单位、近 200 位专家，共同研判了面向 2025 年前后的智能网联汽车各场景应用路径，以促进多种场景自动驾驶示范应用，并为相关部门决策提供参考。

《智能网联汽车创新应用路线图》梳理了不同场景下智能网联汽车示范应用的现状与成果，辨识了不同场景应用面临的挑战和问题，识别了相应功能要求，通过优势落地场景的协同带动效应，实现跨越式发展，在凝聚共识的基础上，探索适应高度自动驾驶汽车产业的发展路线；以汽车为核心，实现汽车、交通与智慧城市共同发展的智能网联新型体系架构；充分融合智能化与网联化发展特征，以"十四五"期间不同场景下车辆、设施、服务的普及为目标，最终形成发展里程碑和实现路径等内容。

本书适合智能网联汽车相关管理部门、示范区建设部门、车辆运营商、主机厂与智能网联汽车各级供应商的工作人员参考阅读。

图书在版编目（CIP）数据

智能网联汽车创新应用路线图／国家智能网联汽车创新中心著. —北京：机械工业出版社，2022.8（2022.8 重印）

ISBN 978 - 7 - 111 - 71096 - 7

Ⅰ.①智…　Ⅱ.①国…　Ⅲ.①汽车-智能通信网-研究　Ⅳ.①U463.67

中国版本图书馆 CIP 数据核字（2022）第 113471 号

机械工业出版社（北京市百万庄大街 22 号　邮政编码 100037）

策划编辑：母云红　　　　责任编辑：母云红　孟　阳
责任校对：樊钟英　张　薇　责任印制：李　昂

北京瑞禾彩色印刷有限公司印刷

2022 年 8 月第 1 版第 2 次印刷
169mm × 239mm · 11.5 印张 · 206 千字
标准书号：ISBN 978 - 7 - 111 - 71096 - 7
定价：129.00 元

电话服务　　　　　　　　　　网络服务
客服电话：010 - 88361066　　机　工　官　网：www.cmpbook.com
　　　　　010 - 88379833　　机　工　官　博：weibo.com/cmp1952
　　　　　010 - 68326294　　金　书　网：www.golden-book.com
封底无防伪标均为盗版　　机工教育服务网：www.cmpedu.com

《智能网联汽车创新应用路线图》
专家委员会

主　任　李　骏　中国工程院院士、国家智能网联汽车创新中心主任

副主任　项昌乐　中国工程院院士、大连理工大学党委书记
　　　　　李克强　中国工程院院士、清华大学教授、国家智能网联汽车创新
　　　　　　　　　中心首席科学家

委　员　陈　涛　中国汽车工程研究院股份有限公司副总经理
　　　　　高博麟　清华大学车辆与运载学院副研究员
　　　　　高振海　吉林大学汽车工程学院院长
　　　　　公维洁　中国智能网联汽车产业创新联盟秘书长
　　　　　郭　磊　国家智能网联汽车创新中心副主任
　　　　　李　丹　中国第一汽车集团有限公司研发总院副院长
　　　　　李　巍　中国信息通信研究院智能汽车研究中心主任
　　　　　李振宇　百度集团资深副总裁、智能驾驶事业群总经理
　　　　　林　明　宇通客车智能网联汽车研究院院长
　　　　　尚　进　国汽智控（北京）科技有限公司总经理
　　　　　万　蕾　华为技术有限公司 FELLOW
　　　　　杨殿阁　清华大学车辆与运载学院教授
　　　　　杨世春　北京航空航天大学交通科学与工程学院教授
　　　　　杨彦鼎　东风汽车集团公司技术中心副主任
　　　　　姚丹亚　清华大学自动化系教授
　　　　　郑继虎　国家智能网联汽车创新中心常务副主任
　　　　　战静静　国际汽车工程科技创新战略研究院副院长
　　　　　周剑光　中汽创智科技有限公司首席技术官

编制工作支持单位

日产（中国）投资有限公司

沃尔沃汽车（亚太）投资控股有限公司

捷豹路虎（中国）投资有限公司

东风悦享科技有限公司

安徽安凯汽车股份有限公司

陕西重型汽车有限公司

华为技术有限公司

北京智行者科技有限公司

新石器慧通（北京）科技有限公司

希捷科技（苏州）有限公司

PREFACE
前　言

　　智能网联汽车是推动技术创新、产业发展的最佳载体，智能网联汽车产业正在从技术研发与测试验证阶段逐步迈入示范应用与大规模推广阶段。在国家部委和地方政府的大力支持下，我国发布了多项管理规范和相关标准，已经构建起全方位、立体式的智能网联汽车测试验证与示范应用体系，国内多个城市已经开展了自动驾驶商业化运营部署，加快了自动驾驶技术落地应用步伐。欧洲、日本、新加坡等地区和国家在智能网联汽车政策法规、产品认证与管理、商业化应用等方面也进行了多方面探索和创新经验积累。

　　与此同时，面对智能网联汽车，尤其是高级别自动驾驶技术创新应用场景商业化所面临的主要共性问题，以及不同创新应用场景商业化落地存在的个性问题，仍需要进一步探究高级别自动驾驶技术产业化所面临的问题与实现路径，促进多种场景自动驾驶示范应用，并为相关部门决策提供参考。

　　国家智能网联汽车创新中心、中国智能网联汽车产业创新联盟在上述背景下组织研究并编制了《智能网联汽车创新应用路线图》（以下简称《路线图》）。编制工作历时1年有余，集合了行业内外80余家单位、近200位专家，共同研判了面向2025年前后的智能网联汽车各场景应用路径。

　　《路线图》梳理了不同场景下智能网联汽车示范应用的现状与成果，辨识了不同场景应用面临的挑战和问题，识别了相应功能要求，通过优势落地场景的协同带动效应，实现跨越式发展，在凝聚共识的基础上，探索适应高度自动驾驶汽车产业的发展路线；以汽车为核心，实现汽车、交通与智慧城市共同发展的智能网联新型体系架构；充分融合智能化与网联化发展特征，以"十四五"期间不同场景下车辆、设施、服务的普及为目标，最终形成发展里程碑和实现路径等内容。

　　《路线图》研究了面向短期（2021—2022 年）、中期（2023—2025 年）、长期（2025 年以后）的智能网联汽车技术创新应用的总体目标、愿景、里程碑与发展路径，提出创新发展需求，以期为我国汽车产业紧抓历史机遇、加速转型升级、支撑制造强国建设、制订中长期发展规划指明发展方向，提供决策参考。

　　《路线图》在编制过程中，始终遵循前瞻性、系统性、科学性、开放性和公益性的原则。在组织架构上，国家智能网联汽车创新中心负责总体组织和协调工作，并组建了 5 大类 13 个专题组。其中，停车场（库）泊车专题由纵目科技（上海）股份有限公司牵头组织研究、Robotaxi 专题由中国汽车工程学会牵头组织研究、高速公路自动驾驶乘用车专题由中国第一汽车集团有限公司牵头组织研究、通勤客车和专用车道快速公交专题由宇通客车股份有限公司牵头组织研究、高速公路自动驾驶货车专题由北京图森智途科技有限公司及陕西汽车集团股份有限公司牵头组织研究、港口货运专题由北京主线科技有限公司牵头组织研究、矿山运输专题由北京航空航天大学及北京踏歌科技有限公司牵头组织研究、末端配送与巡逻侦察专题由北京理工大学牵头组织研究、环卫清扫专题由北京智行者科技有限公司牵头组织研究、无缝化服务专题由东风悦享科技有限公司牵头组织研究、数据发展专题由希捷科技（苏州）有限公司牵头组织研究。此外，总体编写组成员刘卫国、李乔、霍克、张泽忠、刘宏骏、李晓龙、李欢欢、刘璟、李明、郭利荣、于胜波、杨忠伟参与了本书的组织编写工作。

　　最后，感谢参与《路线图》编制工作的全体专家的努力和贡献！感谢产业界、科技界、学术界同仁们的大力支持！感谢机械工业出版社为本书出版所做的大量工作！希望这本凝聚了行业各界专家学者心血和智慧的图书，能够持续加快推动高级别自动驾驶关键技术研发与示范应用、研究产品管理办法与标准、优化政策环境、打造产业应用生态，推动我国智能网联汽车产业化和商业化应用。

CONTENTS
目　录

第5章　展望与发展建议　　　　　　　　　　　　　　　 ... 161

附 录

概

论

第 1 章

1.1　编制背景和意义

1.1.1　智能网联汽车是发展智能交通、智慧城市的重要抓手

在以人工智能（AI）、5G通信为代表的科技革命与产业变革的推动下，汽车作为新技术应用的最佳载体之一，正在加速智能化、网联化发展进程。智能网联汽车是汽车产业与大数据、物联网等新一代信息通信技术深度融合的产物，是汽车与交通出行领域智能化、网联化发展的主要方向，也是有效化解交通安全、道路拥堵、能源消耗、环境污染等问题的重要手段。

随着智能化水平的不断提升，汽车正在由单纯的交通运输工具向智能化移动终端转变，带动全社会加速向智能化转型。一方面，智能网联汽车将系统有效地加强汽车、道路基础设施和使用者之间的联系，促进智能交通系统构建与智慧城市建设。在我国"新基建"战略背景下，智能网联汽车将与信息基础设施有效结合，带动整个社会加快智能化转型。另一方面，智能网联汽车将建立车辆、道路和使用者之间的智能动态协同，形成保障安全、提高效率、改善环境、节约能源的智能交通运输系统。与此同时，智能网联汽车将适应未来汽车社会共享消费理念，逐步取代驾驶人员，降低成本与能耗，为共享出行服务提供强劲支撑。此外，智能网联汽车还将有效解决老龄化社会所面临的出行难问题。

1.1.2　智能网联汽车产业已经进入加速布局期

1. 全球发展情况

智能网联汽车已成为汽车产业发展的战略必争之地，相关技术快速演进，产业进入加速布局的商业化前期阶段。世界主要汽车生产国高度重视智能网联汽车的发展，不断强化战略布局、完善法律法规、优化政策环境，积极提供良好的发

展环境。产业界加快技术和产品研发，加大测试示范力度，积极探索可行的商业模式。随着汽车与新一代通信技术、人工智能、互联网等产业深度融合的加速，智能网联汽车产业在全球范围内呈现出蓬勃的发展态势。

在技术发展上，高级别自动驾驶技术逐渐走向成熟，包括在智能网联汽车芯片、计算平台、操作系统、传感器、高精地图等软硬件研发方面都取得了积极的进展。芯片领域，网联通信芯片、卫星定位芯片等专用芯片已经实现技术突破并量产。计算平台和操作系统领域，特斯拉（Tesla）于 2019 年发布 3.0 版自动驾驶计算平台，英伟达（NVIDIA）于 2020 年 5 月推出新一代架构的 DRIVE Pegasus Robotaxi 自动驾驶平台。戴姆勒于 2020 年 1 月发布 MB. OS 操作系统，大众汽车加速数字化转型，开发了 vw. OS 操作系统。我国正在加快以整车企业需求为牵引，发挥国家智能网联汽车创新中心、头部企业等作用，坚持软硬协同攻关，集中开发自主可控的车用操作系统。环境感知传感器领域，国内企业推出多款多线束、半固态激光雷达产品，产品性能指标已经能够与国际同类产品进行对标，大幅拉低了进口器件价格。高精地图领域，日本政府联合整车厂、地图供应商等成立高精地图平台（DMP）公司，构建"产业-学术-政府"协同新模式。国内龙头地图商均已完成高速公路及城市快速路的高精地图静态数据采集，里程超过 35 万 km，高精地图已经在部分量产车型上应用。总体来看，各国在智能网联汽车相关技术领域不断实现突破，为智能网联汽车商业化应用奠定了良好基础。

在示范应用上，产业发展日新月异，不同技术水平梯队已经形成，自动驾驶企业竞争进入"推广应用"的下半场。在美国，Waymo、Nuro 等企业已开展自动驾驶商业化运营。在欧洲，针对乘用车、货车及出行服务等领域正在开展大量智能网联汽车示范验证项目。在日本，依据顶层规划，日本政府推动在全国范围内部署大量实路操作测试（Field Operational Test，FOT），逐步推进商业化运营。

2. 国内发展情况

经过多年的共同推动，我国智能网联汽车产业整体发展较好，处于世界智能网联汽车发展第一方阵，逐渐形成了中国方案创新发展路径，取得了一定成果。

智能驾驶方面，我国主要车企均已实现 L2 级智能网联汽车规模量产，在整车智能化进展方面基本与国际同步。据中国智能网联汽车产业创新联盟统计，2021 年全年，我国 L2 级乘用车新车销量约 476.65 万辆，同比增长 57.2%，渗透率由 2020 年的 15.0% 提升至 23.5%。

车网融合方面，我国蜂窝车联网（Cellular Vehicle-to-Everything，C-V2X）发

展保持全球领先。2018 年以来，持续开展跨芯片模组、跨终端、跨整车、跨安全平台等环节的 C-V2X 互联互通应用示范，进一步推动云控平台、高精动态地图等上车应用，为规模推广奠定了基础。终端应用方面，我国 LTE-V2X（融合 4G LTE 蜂窝网络的车辆通信解决方案）车载终端已装配 3 万多台，一汽、上汽、北汽、广汽、比亚迪、福特、长城汽车、蔚来汽车等车企纷纷在国内推出了搭载 C-V2X 技术的量产车型。

道路测试方面，截至 2021 年 9 月，全国各地开放智能网联汽车公共测试道路里程超过 3900km，共计发放 840 余张道路测试牌照，测试里程超过 1000 万 km。2021 年 1 月，工业和信息化部、公安部、交通运输部联合发布《智能网联汽车道路测试与示范应用管理规范（试行）》（征求意见稿），支持智能网联汽车示范应用并推动高速公路测试工作的开展。2021 年 4 月，《北京市智能网联汽车政策先行区总体实施方案》获批，正式提出优化完善智能网联汽车道路测试管理办法实施细则。数家乘用车和商用车测试主体已获得北京市拟开放的高速公路及城市快速路开展自动驾驶道路测试的测试牌照。

示范应用方面，我国主机厂（OEM）、自动驾驶企业已经在自动驾驶出租车（Robotaxi）、自主代客泊车（Automated Valet Parking，AVP）、物流、矿山、环卫、通勤等不同场景下展开了多样化的测试与示范应用，逐步探索商业化路径。目前，广州、长沙、上海、武汉、沧州、北京、深圳、重庆等多个地区允许自动驾驶载人、载物测试，为 Robotaxi 等各类场景的示范运行提供了政策环境。各地累计投入 Robotaxi 测试车辆数百辆；同时，在园区、港口、矿山、停车场、厂区等限定区域，以及接驳、环卫、消杀、"最后一公里"物流配送等特定场景的自动驾驶示范应用项目也蓬勃开展。2021 年 11 月，《北京市智能网联汽车政策先行区自动驾驶出行服务商业化试点管理实施细则（试行）》出台，正式开放北京市高级别自动驾驶示范区自动驾驶出行服务商业化试点。

我国明确提出并坚持智能化与网联化充分融合的技术发展路线，基于国内的基础设施标准、联网运营标准、新架构汽车产品标准，以及国家战略规划与监管要求，探索出中国方案智能网联汽车发展路径。该路径充分融合智能化与网联化发展特征，坚持中国特色的车路协同发展方向，力争实现车路云一体化的协同创新发展。

未来，智能化网联化将持续深度融合，车辆电子电气架构（EEA）将不断演进，软件定义和数据驱动将成为趋势，车路云协同，将推动智能网联汽车与智能交通、智慧城市的融合发展。

1.1.3　亟须研判面向商业化过程中的障碍

综上所述，智能网联汽车已进入道路测试常态化运行、示范应用多点开放的新阶段。

在国外，越来越多的国家和地区通过修订道路交通安全法规、颁布新的法案、采取豁免等措施，给予自动驾驶汽车合法地位，消除示范应用及商业化应用面临的障碍。例如美国加速法规政策制修订，营造创新发展环境，加快 Robotaxi、物流配送等示范应用和商业化步伐。2018 年 12 月，Waymo 在亚利桑那州凤凰城针对限定乘客上线 Waymo one 服务；开展 Robotaxi 收费探索。2020 年 10 月，Waymo 去掉车内安全员，为用户提供完全无人驾驶服务；同月，Nuro 在亚利桑那州的斯科茨代尔地区率先开展付费自动驾驶送货服务。2018 年 12 月，日本警察厅颁布《自动驾驶系统道路实证测试指南》，从制度上指导自动驾驶企业开展路测工作，2017 年 6 月发布《远程自动驾驶系统道路测试许可标准》，允许自动驾驶汽车在没有人的状态下进行测试。2018 年 9 月，日本国土交通省正式发布《自动驾驶汽车安全技术指南》，明确了 L3、L4 级别的自动驾驶汽车必须满足的安全条件。2020 年 12 月，日本国土交通省发布了关于道路运输车辆安全标准的部分修订以及详细说明安全标准的通知，引入了自动驾驶技术国际标准。

在国内，海南、长沙、沧州、北京等省市已经明确了高速公路测试的相关内容，广州、长沙、北京允许在主驾无人的情况下开展测试，为部分企业发放了远程测试许可。此外，深圳在无人驾驶方面开展立法先行先试，制定并发布了地方智能网联汽车管理条例，正在广泛征求意见，研究准入登记、使用管理、道路运输、事故处理及责任认定、网络安全与数据保护等内容。

与此同时，我国智能网联汽车的创新发展与应用仍然面临诸多挑战与风险，具体体现在以下方面。

一是法规标准仍待健全，部分条款形成制约。我国多个政府部门已经相继颁布相关规划和指导意见，国内与国际正同步开展法规与标准的研究与制定工作。但技术标准供给滞后于产业发展需要，特别是支撑高级别自动驾驶汽车量产的相关标准项目不足，信息安全、测试评价等关键环节的标准仍处于研制阶段，不同场景领域标准组织尚未有效协同。

二是安全水平不足，高级别自动驾驶无法规模化应用。高级别自动驾驶商业化的最大制约是安全，目前，头部企业也还有很多长尾问题无法解决。按照 Waymo、百度等头部企业的车端智能化配置，单个系统理论上可达到的安全性为

10^{-3}次/h，两套系统可以达到的极限值约为人类驾驶水平，而目前头部企业远未达到此水平。因此，面对产业化需求、产品安全性提升，需要切实打消高级别自动驾驶规模化应用的顾虑，一方面，需加强智能网联汽车产品管理与使用管理，保证车辆的全生命周期安全可控，构建质量安全、功能安全防控体系，明确安全责任主体；另一方面，需强化信息安全防控，完善管理联动机制，提升网络安全防护能力和数据安全监管能力。

三是产业链尚不完整，关键技术积累欠缺。智能网联汽车产业链长，涉及人工智能、芯片、通信等多产业的交叉融合，对产业体系的供给能力要求极高。目前，智能网联还处于技术早期实践阶段，车载计算芯片、车控操作系统、线控执行机构等与国外还存在一定差距。技术架构体系、标准协议、网络数据安全等方面需要进行技术攻关和迭代验证。

四是商业模式不清晰，限制了智能网联汽车的创新应用。智能网联汽车是一个涉及"车-路-云-网-图"的复杂大系统，不仅技术体系复杂，商业模式也需要不断创新探索。路侧设施方面，投资大、收益少。政府投资不可持续，商业逻辑不清晰，企业也缺乏投资动力。协同机制方面，智能网联汽车行业跨度广、管理部门多、协调难度大，以交通信号灯为例，将系统的相位信息对外广播，或车辆反向控制，抑或接入互联网还存在很大障碍。在车辆运营角度，受《中华人民共和国道路运输条例》（以下简称《道路运输条例》）约束，自动驾驶测试车辆无法进行商业运营。因此，现有政策有待突破，以促进自动驾驶形成商业闭环。

1.1.4　智能网联汽车创新应用路线图编制的意义

总体来看，在高级别自动驾驶技术应用方面，我国政府相关主管部门正在加强试点应用、示范应用、先导应用、市场化应用。2020年，国务院办公厅印发的《新能源汽车产业发展规划（2021—2035年）》指出，到2025年，高度自动驾驶智能网联汽车实现限定区域和特定场景商业化应用；鼓励开展特定场景、区域及道路的示范应用，促进新能源汽车与信息通信融合应用服务创新。

为进一步探究高级别自动驾驶汽车产业化所面临的问题与实现路径，促进多种场景自动驾驶示范应用，国家智能网联汽车创新中心、中国智能网联汽车产业创新联盟（以下简称创新联盟）组织研究编制《智能网联汽车创新应用路线图》（以下简称《路线图》）。

《路线图》将梳理不同场景下智能网联汽车示范应用现状与成果，辨识不同场景应用面临的挑战和问题，识别相应功能要求，通过优势落地场景的协同带动效应，实现跨越式发展；在凝聚共识的基础上，探索适应高度自动驾驶汽车产业的发展路线。与此同时，以汽车为核心，探索汽车、交通与智慧城市共同发展的智能网联新型体系架构；充分融合智能化与网联化发展特征，以"十四五"期间不同场景下车辆、设施、服务的普及为目标，最终形成发展里程碑和实现路径等内容。形成阶段性成果后，创新联盟通过组建创新应用工作组对多场景下的共性问题开展持续研究，以期推动产业化、商业化应用。

1.2　研究范围及目标

《路线图》旨在系统梳理国内外智能网联车辆在不同特定场景、不同行驶区域内的应用现状，剖析产业化过程中所面临的诸多问题，探索切实有效的实现路径，加快促进多场景自动驾驶技术示范与商业化应用。

《路线图》将研究面向短期（2021—2022 年）、中期（2023—2025 年）、长期（2025 年以后）的智能网联汽车技术创新应用的总体目标、愿景、里程碑与发展路径，提出创新发展需求，以期为我国汽车产业紧抓历史机遇、加速转型升级、支撑制造强国建设、制订中长期发展规划指明方向，提供决策参考。

总体编写目标如下。

一是总结高度自动驾驶车辆应用推广现存的问题、困难和挑战，为相关部门决策提供参考，提出合理化建议，以确保部署的示范项目得到规模化应用。

二是为地方政府推动智能网联汽车产业发展，制定一系列政策措施和产业规划，选取推广场景，设计实施方案提供依据。

三是为企业重点布局业务领域提供集成应用、测试示范及商业化部署参考，研判在商业化应用前所面临的障碍与重要问题，提出商业化应用实现路径。

四是识别各个场景的功能项目、功能需求或架构，以及相对应的测试项目和技术规范，支撑高级别智能网联汽车安全规模化应用。

五是《路线图》研究成果形成后，创新联盟将选取多个重点场景，组织行业力量开展高级别智能网联汽车测试验证与示范应用活动，以期推动相关场景应用渐进成熟。

1.3　智能网联汽车创新应用场景分类

《路线图》旨在梳理不同场景下智能网联汽车的应用现状、存在的问题与实现路径。为了更好地对智能网联汽车应用场景进行分类，《路线图》同时结合我国道路与自动驾驶应用特点，从车辆的行驶环境和主要行驶速度两个维度，对当前智能网联汽车主要应用场景进行了分类，选取典型场景作为《路线图》的研究对象。

1.3.1 智能网联车辆行驶环境

我国道路按照使用特点，可分为公路、城市道路、专用公路（比如厂矿道路、林区道路）。除对公路和城市道路有明确的等级划分标准外，对林区道路、厂矿道路和乡村道路一般不再划分等级。

具体来看，公路按照技术等级可分为高速公路、一级公路、二级公路、三级公路和四级公路。依据《中华人民共和国公路法》第六条，公路按其在公路路网中的地位分为国道、省道、县道和乡道，并按技术等级分为高速公路、一级公路、二级公路、三级公路和四级公路。

城市道路可分为快速路、主干路、次干路和支路四个等级。CJJ 37—2012《城市道路工程设计规范》指出，城市道路应按道路在道路网中的地位、交通功能以及对沿线的服务功能等，分为快速路、主干路、次干路和支路四个等级。其中，快速路应中央分隔、全部控制出入、控制出入口间距及形式，应实现交通连续通行，单向设置不应少于两条车道，并应设有配套的交通安全与管理设施，快速路两侧不应设置吸引大量车流、人流的公共建筑物的出入口；主干路应连接城市各主要分区，应以交通功能为主，两侧不宜设置吸引大量车流、人流的公共建筑物的出入口；次干路应与主干路结合组成干路网，应以集散交通的功能为主，兼有服务功能；支路宜与次干路和居住区、工业区、交通设施等内部道路相连接，应以解决局部地区交通，以服务功能为主。

此外，参考 GB 50180—2018《城市居住区规划设计标准》、GB/T 51294—2018《风景名胜区详细规划标准》等国家标准，居住区设施道路、风景名胜区、停车场库等封闭性区域，一般属于配建设施，并不属于城市道路。

从现阶段高级别自动驾驶较常见的应用情况来看，《路线图》所研究的行驶环境主要包括高速公路、城市道路和封闭区域道路等，而一级公路、二级公路、三级公路、四级公路暂不纳入《路线图》研究范围内。

综上所述，各类道路的主要用途与特点见表 1-1，表中对是否封闭、是否混行、是否限定社会车辆或行人进行了归纳。

表 1 - 1　道路主要用途与特点

道路分类	名称	主要用途与特点	是否为封闭空间	是否与非机动车或者行人混行	是否限定社会车辆或行人
公路	高速公路	高速公路主要体现交通功能,是专供机动车高速行驶的公路。中央分隔、全部控制出入、控制出入口间距及形式,应实现交通连续通行,单向设置不应少于两条车道,并应设有配套的交通安全与管理设施等	是	否	是
城市道路	快速路	快速路应中央分隔、全部控制出入、控制出入口间距及形式,应实现交通连续通行,单向设置不应少于两条车道,并应设有配套的交通安全与管理设施。快速路两侧不应设置吸引大量车流、人流的公共建筑物的出入口	是	否	是
	主干路	主干路应连接城市各主要分区,应以交通功能为主。主干路两侧不宜设置吸引大量车流、人流的公共建筑物的出入口	否	是	否
	次干路	次干路应与主干路结合组成干路网,应以集散交通的功能为主,兼有服务功能	否	是	否
	支路	应以解决局部地区交通,以服务功能为主。与次干路和居住区、工业区、交通设施等内部道路相连接	否	是	否
封闭性区域	—	行驶的道路一般属于内部配建设施。多有出入口,如园区/景区、停车场、矿山/港口,与公共道路有明显隔离	部分	是	是

　　上述道路中,高速公路与快速路在行驶空间上较为封闭,要限制机动车或行人的出入,不存在行人与非机动车混行的情况,在《路线图》中将以上两种行驶环境划分为高速公路。

城市主干路与次干路不属于封闭空间，具备不限定机动车与行人出入等特点，存在机动车与行人混行，对自动驾驶系统具有类似的场景要求，在《路线图》中将以上两种行驶环境划分为城市道路。

园区、景区等场景以及城市支路，一定程度上限制社会机动车或行人通过，在空间上属于半封闭状态，在《路线图》中将包含支路在内的半封闭行驶区域归为限定区域。

封闭性区域中的停车场、矿山、港口等场景行驶的道路一般属于内部道路，通常不存在社会车辆，业主方对以上场景具有较强的规划主导性，负责其建设施工和维护保养，在《路线图》中将此类行驶环境划分为封闭区域。

综上，智能网联车辆行驶环境见表1-2。

表1-2　智能网联车辆行驶环境

分类	描述	主要判断依据
高速公路	高速公路、城市快速路	是否为封闭空间
城市道路	城市主干路、城市次干路	
限定区域	半封闭行驶道路，会一定程度限制社会机动车或行人通行，包括城市支路	是否限制社会车辆或行人
封闭区域	行驶的道路一般属于内部配建设施。多有出入口，如园区/景区、停车场、矿山/港口，与公共道路有明显隔离	是否与非机动车、行人混行

1.3.2　智能网联车辆主要行驶速度

根据JTG B01—2014《公路工程技术标准》规定，公路中的高速公路设计速度范围为80~120km/h，一级公路设计速度范围为60~100km/h，二级公路设计速度范围为60~80km/h，三级公路设计速度范围为30~40km/h，四级公路设计速度范围为20~30km/h。

根据CJJ 37—2012《城市道路工程设计规范》规定，城市道路中的快速路设计速度范围为60~100km/h，主干路设计速度范围为40~60km/h，次干路设计速度范围为30~50km/h，支路设计速度范围为20~40km/h。值得注意的是，停车场、港口、矿山等封闭区域的行驶速度更多取决于相关管理方的规定。

此外，主要行驶速度区间设计充分参考了联合国《自动车道保持系统》（Automated Lane-Keeping Systems，ALKS）法规。2020年6月，UN/WP29（联合国世界车辆法规协调论坛）通过了《自动车道保持系统》法规，目前该国际法规将自动车道保持系统运行速度限制在 60km/h 以内。

2021 年年初，美国交通部（USDOT）发布"自动驾驶汽车综合计划"（Automated Vehicles Comprehensive Plan），提到无人低速小车行驶速度限制在 25mile/h（约为 40km/h）以内，同时，USDOT 对 Nuro 车辆的豁免申请，其行驶速度上限也是 25mile/h。

综合以上标准法规对行驶速度的设计和规定，《路线图》以 40km/h、60km/h 为节点，见表 1-3，将智能网联车辆的主要行驶速度划分为较低速度（小于 40km/h）、中等速度（40~60km/h）和较高速度（60~100km/h）。

表 1-3 智能网联车辆主要行驶速度区间

速度区间/（km/h）	JTG B01—2014《公路工程技术标准》	CJJ 37—2012《城市道路工程设计规范》	《自动车道保持系统》法规	自动驾驶汽车综合计划
0~20	—		—	无人低速小车行驶速度限制在 25mile/h 以内
20~30	四级公路	支路	—	
30~40	三级公路		ALKS 运行速度限制为 60km/h 以内	
40~50	—	次干路		
50~60	—	城市主干路	—	
60~80	二级公路	—		
80~100	一级公路	—		
100~120	—	—		

1.3.3 智能网联车辆多种典型场景

从近年来国内外智能化、网联化技术应用的场景来看，在封闭区域内，主要有停车场（库）、港口、厂区、矿山等场景形成了较为广泛的自动驾驶应用。在较低速度下运行的主要应用场景有停车场（库）泊车、场内货运（港口、厂区）、矿山重载货运等。受道路限制，封闭区域一般没有中等速度或较高速度行驶的场景。

在限定区域内，自动驾驶微循环客车已在多地园区、景区中得到了大量应用，应用于末端物流配送、环卫清扫、巡逻侦察等场景的多功能无人车辆也开始进行测试示范。从主要行驶速度来看，较低速度主要应用场景有园区/景区通勤、末端配送、环卫清扫，中等速度主要应用场景有巡逻侦察、专用车道快速公交自动驾驶等。

在城市道路内,行驶环境较为复杂,且车速一般为中等行驶速度,Robotaxi 成为该场景下的代表性应用。Robotaxi 是通过高级别自动驾驶系统代替人工驾驶人进行驾驶,在可行驶范围内提供"门到门"智能出行服务的载客车辆。作为出行即服务(Mobility as a Service,MaaS)的关键组成,Robotaxi 能够有效避免人为因素引发的事故,降低用户出行成本,提高公众出行的便利性和环保性。

在高速路(包括高速公路和城市快速路)内,行驶环境较为简单,但行驶速度一般为较高行驶速度,其主要应用场景有高速公路乘用车自动驾驶、高速公路货车自动驾驶(干线运输⊖)等。

典型场景划分见表 1-4。

表 1-4 典型场景划分

行驶环境	主要特征	主要行驶速度	典型场景
封闭区域	行驶的道路一般属于内部配建设施,多有出入口	较低速度	停车场(库)泊车
			场内货运(港口、厂区等)
			矿山重载货运
限定区域	一定程度限制社会机动车或行人通行,也包括城市支路	较低速度	园区/景区通勤 区域微循环客车(网约)
			末端配送
			环卫清扫
		中等速度	巡逻侦察
			专用车道快速公交自动驾驶
城市道路	包括主干路、次干路	中等速度	Robotaxi
高速路	主要行驶速度在60km/h甚至更高速度,包括高速公路、城市快速路	较高速度	乘用车高速路自动驾驶
			干线运输(物流)

按表 1-4 中的分类方式,《路线图》梳理了 11 个典型场景,在研究过程中按照车辆用途进一步归类,分为乘用车、客运车辆、货运车辆、多功能车辆,提

⊖ 干线运输是指在运输网中起骨干作用的线路运输。按分布的区域范围划分,一般跨越省、区(市)运输线(包括铁路线、内河航线、沿海航线、航空线以及公路线等)所完成的客货运输为干线运输;省、区(市)范围内的运输线上的客货运输为支线运输。

供出行、物流配送、特种作业等服务。

乘用车应用场景包括停车场（库）泊车、Robotaxi、高速路自动驾驶（HWP）。客运车辆应用场景包括园区/景区通勤、专用车道快速公交自动驾驶。货运车辆应用场景包括干线物流、场内货运（港口、厂区等）、矿山重载货运。多功能车辆应用场景包括末端配送、环卫清扫、巡逻侦察。典型场景专题研究划分见表 1－5。

表 1－5　典型场景专题研究划分

服务类型	典型场景
乘用车出行服务	停车场（库）泊车
	Robotaxi
	高速路自动驾驶（HWP）
客运车辆出行服务	园区/景区通勤
	区域微循环客车（网约）
	专用车道快速公交自动驾驶
货运车辆物流服务	干线物流
	场内货运（港口、厂区等）
	矿山重载货运
功能型无人车辆特定服务	末端配送
	环卫清扫
	巡逻侦察

根据表 1－5 中的场景分类，为梳理特定场景、不同区域的问题和实践路径，通过 11 个场景应用研究专题组，分别开展停车场（库）泊车、Robotaxi、乘用车高速公路自动驾驶、通勤客车、专用车道快速公交自动驾驶、货车高速公路自动驾驶、场内货运、矿山运输、末端配送、环卫清扫、巡逻侦察等专题研究。

此外，为了更好地使不同场景研究形成联动性，特设置无缝化服务专题组与数据专题组。无缝化服务专题组围绕智慧园区、智慧景区、智慧交通、智慧物流、智慧作业 5 大智慧单元，重点研究不同场景下智能网联汽车应用如何形成联动性，通过智慧城市、智能交通与智能网联汽车深度融合发展战略，实现高效的城镇智能交通系统。数据专题组旨在研究智能网联汽车数据在存储、传输、使用等方面存在的问题与解决方案，重点研究本地收集、数据处理和数据存储，数据上传与迁移，边缘侧数据处理与核心侧数据存储等核心问题。

中国智能网联汽车产业创新联盟、国汽（北京）智能网联汽车研究院有限公司作为总体编写组，联合重点企业、专业机构作为专题组编写单位，共同研究、编制《路线图》，以期为相关政府部门出台政策法规，为研究机构和智能网联汽车企业等制订战略规划、推广示范应用提供借鉴与参考。

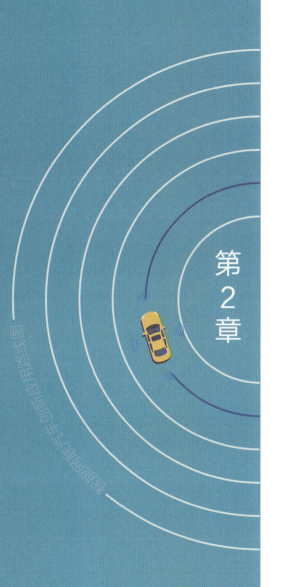

第 2 章

智能网联汽车应用
发展现状

2.1 国内外智能网联汽车创新应用整体现状

2.1.1 国外智能网联汽车创新应用现状

美国、欧洲、日本、韩国等国家和地区在智能网联汽车技术研发和产业化应用领域已经取得了较大进展。美国以技术创新为基础，通过营造创新发展环境，掌握智能网联汽车示范应用的主导权，其在智能网联汽车商业化上具有明显优势；欧洲以战略规划引导各国协同推进智能网联汽车创新应用；日本汽车产业和交通设施基础较好，智能网联汽车示范应用也在稳步推进；韩国以法规和战略目标为导向，营造产业发展环境，加快智能网联汽车商业化进程。

1. 美国强调技术创新，营造创新发展环境，加快 Robotaxi、物流配送等示范应用和商业化步伐

以技术创新为切入点，不断加强战略规划。2020 年 4 月，美国发布《智能交通系统战略规划 2020—2025》（*Intelligent Transportation System Strategic Plan 2020—2025*），提出六大规划领域，包括新兴和使能技术、网络安全、数据访问和交换、自动驾驶、完整出行（ITS4US）、加速智能交通系统（ITS）部署。同时已经从关注自动驾驶、网联汽车的研究过渡到加速 ITS 部署与应用，关注系统化、完整的出行服务部署。此外，美国在智能网联汽车产业链上取得诸多技术成果。美国整车制造和零部件企业积极推进自动驾驶技术研发，相继推出相关产品。包括 Cruise、Waymo 等在内的企业主要致力于高级别自动驾驶技术，重点开展 Robotaxi 业务。

制修订法律法规，逐步完善政策监管，促进智能网联汽车创新发展。美国已有 30 余个州颁布自动驾驶相关法律和行政命令，支持自动驾驶的测试与应用。从美国各州关于自动驾驶的立法情况来看，22 个州和哥伦比亚特区通过了自动

驾驶的相关法律，10 个州发布了有关自动驾驶汽车运营的行政命令，另有 10 个州的立法机构已经处于法律审议阶段。此外，安全性能始终是智能网联汽车示范应用的重中之重。美国连续 4 年发布的自动驾驶汽车政策（AV1.0～4.0）核心是自动驾驶系统的安全性能标准，并与行业一起不断迭代这些标准，以适应自动驾驶技术发展趋势。美国交通部于 2020 年 6 月启动 AV Test 倡议，同年 9 月上线公共在线平台，提高自动驾驶的安全性和测试信息透明度。2021 年 1 月，美国交通部发布"自动驾驶汽车综合计划"（Automated Vehicles Comprehensive Plan），该计划明确了美国交通部将加速法规制修订，消除在创新车辆设计、功能和运营方式方面的障碍，并将开发针对安全性的框架和工具，以评估自动驾驶系统技术的安全性能。

积极开展示范应用，探索商业化运营服务。加利福尼亚州（以下简称加州）已为 Zoox、AutoX、小马智行、Waymo、Cruise、Aurora、Voyage 七家企业颁发 Robotaxi 试运营牌照，为 Nuro 公司颁发了自动驾驶物流商业运营牌照。企业方面，2018 年 12 月，Waymo 在亚利桑那州凤凰城针对限定乘客，上线 Waymo one 服务，开展 Robotaxi 收费探索。2018 年 12 月，Nuro 在亚利桑那州的斯科茨代尔地区率先开展无人送货服务，单次收费 5.95 美元。继亚利桑那州之后，Nuro 于 2020 年 12 月在加州公共道路上推出付费自动驾驶送货服务。

2. 欧洲通过重大项目支持自动驾驶示范活动，关注法律法规、基础设施、民众接受度与商业模式

欧盟从 2015 年开始就不断调整完善自动驾驶与网联汽车的战略规划，先后举办了四届网联与自动驾驶会议，逐步完善战略规划。2018 年 5 月，欧盟委员会发布了《通往自动化出行之路：欧盟未来出行战略》，提出 2030 年步入完全自动驾驶社会的远景目标。通过部署 Horizon 2020 研究和创新计划，欧洲针对乘用车、货车、出行服务等领域正在开展 L3Pilot、AVENUE、INFRAMIX、TransAID、ENSEMBLE、SHOW 等大量智能网联汽车示范验证项目。

L3Pilot 项目旨在测试验证自动驾驶汽车作为一种安全高效的公共道路交通工具的可行性，组织 1000 名驾驶人和 100 辆汽车运行在 10 个欧洲国家（包括跨境路线）。该项目侧重于 L3 级自动驾驶功能的大规模示范，并对一些 L4 级自动驾驶功能进行了额外评估。其测试功能涵盖停车场、城市道路以及高速路等场景。这些测试将为评估技术可行性、用户接受度、驾驶行为以及对交通和社会的影响提供有价值的数据。

AVENUE 项目主要是为证明自动驾驶汽车将成为未来公共交通服务解决方案

的关键要素。该项目将评估自动驾驶汽车在复杂道路情况下的道路行为和安全性。AVENUE 项目在四个主要示范地点推进实施，所有四个示范点将在整个项目期间运营自动驾驶车辆运输服务，收集运营数据和自动驾驶车辆与现有城市交通协同方面的有关信息。同时，提高公民对这些新技术优势的认识。

INFRAMIX 项目关注自动驾驶/非自动驾驶汽车的混行场景，针对动态车道分配场景、道路施工场景、车道合流场景三类场景的八个测试用例，通过微观仿真、亚微观仿真、实际道路测试、混合仿真等方式证实了基础设施在提升交通安全性和效率、扩展车辆操作运行域（ODD）等方面的突出效果，提炼出 ISAD 概念和道路基础设施分级，提出未来欧洲的数字化基础设施规划路线图和时间表。

TransAID 项目关注自动驾驶在接管过程中的过渡区域问题，针对五类典型场景进行建模、计算机仿真与实际道路测试，证明了道路基础设施可以通过扩展车辆 ODD 避免人工接管触发，指定安全地点保证车辆最小风险策略，对交通进行宏观调度，管理多个车辆的接管/最小风险策略的分布等方式，提升交通安全和通行效率，并有助于改善车辆排放。同时，TransAID 制定了 V2X 消息集，并规划未来基础设施发展路线图。

3. 日本依托构建 Society 5.0 的顶层设计规划，开展 SIP_adus 项目，在全国范围内部署大量 FOT 测试，根据路线图规划，逐步推进商业化运营

利用政策与路线图积极引导逐步推进自动驾驶发展。2016 年，日本提出了 Society 5.0，其发展与自动驾驶汽车的发展紧密结合。一方面，Society 5.0 便于构筑信息物理系统（Cyber Physical System，CPS），推动数字化转型，有利于自动驾驶汽车的产业落地；另一方面，自动驾驶汽车收集的信息具有多种潜在价值，有助于 Society 5.0 的实现。此外，日本持续逐年发布《官民 ITS 构想路线图》，明确了自动驾驶技术推进的时间表：2020 年左右在特定区域实现 L4 级自动驾驶商业化，到 2025 年实现高速公路 L4 级自动驾驶。

法律法规修订加速了 L4 级自动驾驶商业化运营。2016 年 9 月，日本警察厅颁布《自动驾驶系统道路实证测试指南》，从制度上指导自动驾驶企业开展路测工作，2017 年 6 月发布《远程自动驾驶系统道路测试许可标准》，允许自动驾驶汽车在没有驾驶人的状态下进行测试。2018 年 9 月，日本国土交通省正式发布《自动驾驶汽车安全技术指南》，明确了 L3、L4 级别的自动驾驶汽车必须满足的安全条件。2020 年 12 月，日本国土交通省发布了关于道路运输车辆安全标准的部分修订以及详细说明的通知，引入自动驾驶技术国际标准。值得一提的是，此次修订提出，对在高速公路上实现车辆在车道内自动驾驶功能的要求等，适用于

ALKS 国际标准要求。

全境部署大量的 L4 级自动驾驶实证试验，逐步开始收费示范运营。2018 年 10 月，本田与 Cruise、通用汽车签署合作协议，在日本推动自动驾驶出行服务。2020 年 7 月，英特尔子公司 Mobileye 与日本和东南亚地区最大的交通运营商之一 WILLER 达成战略合作，双方将在日本及东南亚市场推出 Robotaxi 服务。在前期完成大量测试验证的基础上，2020 年 12 月，日本开展无人驾驶小客车的商业化示范运营，以日本福井县项目为例，车内安全员坐在车辆后排，同时安排 1 名远程监控人员，负责 3 辆无人驾驶汽车的监控。该项目探索收费运营，价格是成人 100 日元/次、儿童 50 日元/次。

4. 韩国以法规和战略目标为导向，营造产业发展环境，加快智能网联汽车示范应用与商业化

以法规和战略目标为导向，积极构建产业环境。2019 年 10 月，韩国发布《未来汽车产业发展战略》，计划在 2024 年完成全国主要道路自动驾驶所需的通信设施、高精地图、交通管制、道路建筑等基础设施建设，制定了 2024 年 L4 级自动驾驶汽车部分商用化、2027 年 L4 级自动驾驶汽车全面商用化的具体时间表。2020 年 5 月，韩国开始实施于 2019 年 4 月发布的《促进和支持自动驾驶汽车商业化法》，允许开展自动驾驶商业化示范，明确了相应的监管和保障措施，构建了一个系统性的自动驾驶汽车商业化推进机制。在安全保障方面，2020 年 12 月，韩国国土交通部发布了自动驾驶车辆安全运行准则。该准则主要包括伦理准则、网络安全准则、生产与安全准则三大部分。上述准则并不属于强制性规定，而是在自动驾驶汽车正式投入市场之前，确保其系统运算法则的伦理性，并防范黑客攻击。

近年来，韩国致力于成为全球领先的自动驾驶商用化国家。2020 年 11 月，韩国国土交通部宣布，"自动驾驶汽车示范区委员会"首次指定自动驾驶示范区，包括首尔、忠清北道、世宗、光州、大邱和济州六个地区。国土交通部支持企业在上述地区开展自动驾驶服务验证项目，在获得政府批准的前提下，可以试点出行和货物运输收费服务。国土交通部还计划进行试点区的管理和绩效考核，并评估扩大试点运营区。2021 年 1 月，韩国产业通商资源部、科学技术信息通信部、国土交通部、警察厅联合宣布启动"自动驾驶技术开发创新项目"，将在 2027 年前向自动驾驶技术开发和相关基础设施建设项目投资 1.1 万亿韩元（约合 9.99 亿美元），目标是在 2027 年实现 L4 级自动驾驶汽车的商业化。该项目聚焦汽车驾驶、交通基础设施和出行服务等领域，具体包括车辆智能化技术、新型

信息与通信融合技术（ICT）、新型道路交通融合技术、新型出行服务、标准生态系统建设五大主要领域，共计 84 个子任务。

此外，新加坡、澳大利亚等国家积极推进智能网联汽车示范应用。新加坡于 2019 年发布世界上第一部关于高级别自动驾驶汽车应用的国家准则，即"技术参考 68"（TR68）准则，为自动驾驶汽车生产企业和技术开发商提供了指导规范，形成了商业化应用基础。围绕智能网联汽车、智能交通系统和智慧出行服务，澳大利亚组织开放道路测试，不断完善法规环境，在沿海地区开展了大量 FOT 项目。例如，自动驾驶企业 Via 在新南威尔士州等沿海地区启动自动驾驶客车项目，该项目主要为澳大利亚缺乏公共交通解决方案的老年人社区提供服务。

2.1.2 我国智能网联汽车创新应用现状

近年来，我国发挥市场与体制优势，积极实践智能网联汽车创新应用。一是多部门已经相继发布了法律法规，强调智能网联汽车产业的试点应用、示范应用、先导应用、市场化应用；二是多地积极开展智能网联汽车道路测试；三是不同场景下涌现大量智能网联汽车创新应用。

1. 顶层设计逐步完善，营造良好发展环境

智能网联汽车的创新应用离不开国家顶层政策的指导和规划设计。首先，智能网联汽车涉及车辆驾驶权交换问题，引发了法规、标准、保险、商业模式等领域的一系列挑战，因此需要国家层面的整体部署；其次，智能网联汽车的创新应用与路侧基础设施、云端平台等的信息交互，涉及基础设施建设、通信协议、信息安全、规模化示范运营等重大问题，因此具备本地属性和跨领域、跨部门监管的特点，这也要求国家顶层的协调规划与安全监管，具体见表 2-1。

2020 年 11 月，《智能网联汽车技术路线图 2.0》在世界智能网联汽车大会上正式发布。其中指出，到 2025 年，部分自动驾驶（PA）、有条件自动驾驶（CA）级智能网联汽车渗透率将达 50%，高度自动驾驶（HA）车辆首先在特定场景和限定区域实现商业化应用，并不断扩大运行范围；2030 年，高度自动驾驶车辆在高速公路广泛应用，在部分城市道路规模化应用；2035 年，各类网联式高度自动驾驶广泛运行于国内广大地区。

表 2-1　智能网联汽车创新应用支持政策

发布时间	政策名称	概要信息
2020 年 2 月	《智能汽车创新发展战略》	到 2025 年，实现有条件自动驾驶的智能汽车达到规模化生产，实现高度自动驾驶智能汽车在特定环境下市场化应用；明确指出开展应用示范试点，推动有条件的地方开展城市级智能汽车大规模、综合性应用试点，支持优势地区创建国家车联网先导区
2020 年 7 月	《关于进一步优化营商环境更好服务市场主体的实施意见》	优化完善智能网联汽车道路测试管理，统一智能网联汽车自动驾驶功能测试标准、降低导航电子地图制作测绘资质申请条件等；增加新业态应用场景等供给，在条件成熟的特定路段及有需求的机场、港口、园区等区域探索开展智能网联汽车示范应用
2020 年 11 月	《新能源汽车产业发展规划 (2021—2035 年)》	2025 年，高度自动驾驶智能网联汽车实现限定区域和特定场景商业化应用。2035 年，实现规模化应用。此外，明确推进以数据为纽带的"人-车-路-云"高效协同，开展特定场景、区域及道路的示范应用。同时，强调智慧城市新能源汽车应用示范行动，支持以智能网联汽车为载体的城市无人驾驶物流配送、市政环卫、快速公交（Bus Rapid Transit, BRT）系统、AVP 和特定场景示范应用
2020 年 12 月	《关于促进道路交通、自动驾驶技术发展和应用的指导意见》	2025 年，建成一批国家级自动驾驶测试基地和先导应用示范工程，在部分场景实现规模化应用，推动自动驾驶技术产业化落地；支持开展自动驾驶载货运输服务，稳步推动自动驾驶客运出行服务，鼓励自动驾驶新业态发展
2021 年 2 月	《国家综合立体交通网规划纲要》	到 2035 年，基本建成泛在先进的交通信息基础设施，交通基础设施数字化率达到 90%，实现北斗时空信息服务、交通运输感知全覆盖；智能网联汽车（智能汽车、自动驾驶、车路协同）技术达到世界先进水平

2. 测试示范统筹发展，积累巩固应用基础

场地测试和开放道路测试是智能网联汽车创新应用的基石，我国多部委和地方政府正在加速示范区建设和开放道路测试工作。截至 2021 年 9 月，工业和信息化部、公安部、交通运输部等部门已先后支持建设了 16 家国家级智能网联汽车测试示范区、4 个国家级车联网先导区，全国已有 30 个城市发布智能网联汽车道路测试实施细则。

为营造更好的测试示范环境，共促智能网联汽车产业生态健康发展，2021年 1 月，工业和信息化部会同公安部、交通运输部组织行业机构、重点企业等开展了《智能网联汽车道路测试与示范应用管理规范（试行）》的修订。值得注意的是，本次修订在道路测试基础上增加了对示范应用的要求，并明确了道路测试、示范应用和测试区（场）的定义，适用范围进一步由限定道路扩展到限定区域，并明确了高速公路可作为道路测试和示范应用的道路。同时，将地级市纳入可具体制定实施细则并组织道路测试和示范应用的省、市范畴。

截至 2021 年 9 月，全国各地开放智能网联汽车公共测试道路里程超过3900km，共计发放 840 余张道路测试牌照，测试里程超过 1000 万 km；长沙、上海、广州、北京等 7 个城市已允许智能网联汽车载人载物测试；广州、北京等城市允许企业开展远程无人测试。

从企业测试情况来看，开展道路测试的测试主体、企业获得的测试牌照及测试许可、所用测试车辆均有多种类型。测试主体方面，一汽、上汽、吉利、广汽、宝马、奥迪等 30 多家国内外主流整车制造企业，百度、华为、腾讯等 ICT企业，小马智行、文远智行等自动驾驶初创企业都已获得道路测试牌照，其中，百度的道路测试牌照超过 190 张；测试车辆方面，乘用车、公交车、货车等都已开展道路测试，乘用车、公交车道路测试主要面向个人和公众出行需求，货车主要面向物流，总体来看，乘用车从数量上占据较大优势。测试牌照方面，除普通道路测试牌照外，目前已有百度、小马、文远、上汽红岩等获得载人载物测试许可牌照超过 180 余张，其中，百度载人测试 120 张，文远知行在广州获得国内首个远程测试许可，开展基于 5G 技术的远程无人测试。

此外，北京、广州、苏州、德清等地积极推进自动驾驶示范进程，为自动驾驶技术研发验证和推广应用搭建开放平台。2020 年，北京经济技术开发区（亦庄）启动建设全球首个网联云控式高级别自动驾驶示范区，按照示范区的规划，将以北京经济技术开发区（亦庄）全域为核心，约 $60km^2$ 范围内开展建设，到

2022 年，计划完成"智慧的路、聪明的车、实时的云、可靠的网和精确的图"五大体系建设，并打通网联云控式自动驾驶技术和管理的关键环节，形成城市级工程试验平台，实现一系列应用场景商业化落地和一批中间产品推广应用。2020年，广州共有 5 家自动驾驶企业，71 辆自动驾驶汽车开展自动驾驶测试，累计测试里程近 70 万 km，载客服务人数超 6 万人。为了提供更多的应用场景，支持企业在更广泛、更复杂的道路环境中开展道路测试工作，目前广州已累计发布开放一、二、三级测试道路共计 88 条，里程约 156km。广州南沙区将支持建设高级别自动驾驶的 5G 示范路段、车端感知系统，通过"城市大脑"平台汇聚车、路、人等相关数据，打造智慧的车、智慧的路。2021 年，苏州高铁新城、江苏大运集团、T3 出行组建自动驾驶生态运营联盟——"鳌头联盟"，该联盟以科技公司、主机厂和出行平台组成"铁三角"，共包含 32 个产业内不同链条的合作伙伴，将在苏州落地推进自动驾驶的规模化商用。2020 年 4 月，德清县人民政府发布《德清全域城市级自动驾驶与智慧出行示范区建设 2020 年工作计划》，德清力争到 2020 年末，建成国内首个智能基础设施建设先行区、全域城市级自动驾驶测试区、自动驾驶应用示范区、自动驾驶和智慧出行产业集聚区、智能交通与自动驾驶规制创新区。

在行业层面，中国智能网联汽车产业创新联盟也积极联合 IMT2020（5G）推进组等相关单位，连续组织"三跨""四跨""新四跨"C-V2X 互联互通示范活动，实现不同企业间跨通信模组、跨终端、跨整车、跨安全平台，以及使用高精地图和定位，大规模通信背景下的 C-V2X 通信功能和性能测试，进一步促进智能网联汽车创新应用的产业化进程。

智能网联汽车创新应用涉及政策法规、测试示范、技术研发、产品管理、道路交通、网络安全、商业模式等方面，是智能网联汽车实现产业落地的必要条件，也是对商业化相关问题的前置探索。我国为促进智能网联汽车产业的快速发展，制修订相关法规，为企业开展测试示范活动营造了良好环境，道路测试、载人载物、远程测试、商业试运营探索等都已相继开展。

3. 开展多种创新应用，探索商业推广路径

目前，高级别自动驾驶正在逐步走向商用，从消费者出行到货物运输、Robotaxi、AVP、BRT、干线物流、无人配送、矿山重载、港口物流等多种多样的场景不断涌现，并形成规模化发展。

在封闭区域，较低速度的 AVP 广受关注，场内货运、矿山运输等已经形成

初步商业化探索。2020 年 11 月，中国智能网联汽车产业创新联盟组织编制的《自主代客泊车系统总体技术要求》团体标准正式发布，作为 AVP 示范应用的参考。当前，纵目、百度、地平线、AutoX、Momenta 等众多科技公司发布了 AVP 解决方案，北京示范区、北京中关村、广汽研究院等正在加快高级别智能化设施建设、部署应用。此外，一汽、长城、吉利、广汽、上汽等车企纷纷推出具备 AVP 功能的车型。

场内货运作为市场刚性需求，成为高级别自动驾驶汽车优先落地场景。在港口方面，2018 年，主线科技携手天津港、重汽集团打造的无人驾驶电动货车正式开启试运营，现已实现无人驾驶集装箱货车（业内俗称集卡）与码头内外集卡混行运行且参与实船作业。2021 年 2 月，华为与西井科技签署合作协议，双方将完成基于天津港项目的水平运输无人化系统，并推动解决方案的规模化复制。目前，多个企业已在天津港、宁波港、珠海港等实现港口无人驾驶物流应用。厂区物流运输方面，驭势科技的自动驾驶物流车已在香港机场、五菱汽车厂区和一汽物流园区进行常态化运营。

此外，矿山由于交通场景相对简单，商业模式逐渐清晰，成为众多商用车整车企业和自动驾驶解决方案提供商落地自动驾驶的核心场景。湖南大学正在打造运载装备智能网联系统创新中心，加强智慧矿山系统、智慧快运系统等产业化开发。踏歌智行、慧拓智能、易控智驾等众多公司纷纷发布矿山自动驾驶解决方案。其中，踏歌智行《南露天煤矿自卸车无人驾驶技术研究项目》通过评审验收，实现夜班作业的矿用货车无人运输项目；慧拓智能则在宝日希勒煤矿进行了极寒型复杂气候环境露天矿无人驾驶货车编组作业。

在限定区域，中低速自动驾驶车辆具备场景简单、车速低、危险性小等特点，具备更快速商用化的潜力，包括园区微循环客车、末端配送、环卫清扫、专用车道快速公交自动驾驶等场景。

园区微循环客车方面，宇通客车、一汽红旗、金龙、金旅、文远知行、轻舟智航等企业都已发布无人驾驶小客车解决方案。2018 年 7 月，阿波龙量产下线，目前已经在北京、江苏、福建、广东等地示范运营，累计运营里程超过 10 万 km，安全接待超过 11 万人次。2020 年，轻舟智航推出的龙舟 ONE 已在苏州、深圳、武汉等城市落地，并在苏州启动全国首个常态化运营的 5G 无人公交项目，在深圳推出全国首张无人公交月卡，2021 年还推出了全国首个无人驾驶共享网约客车。

末端配送方面，在新冠肺炎疫情期间，东风悦享、京东、新石器慧通、智行者、酷哇等企业的无人物流车、无人清洁消毒车陆续投入疫情防控工作，取得了良好的示范应用效果，为自动驾驶车辆的示范应用奠定了基础。

环卫清扫方面，目前市场上已有智行者、仙途智能、高仙机器人、酷哇机器人、深兰科技等自动驾驶科技公司入局环卫行业。而早在 2018 年以前，北京环卫、龙马环卫、盈峰环境（中联环境）、宇通重工等环卫企业就已布局无人环卫。北京、上海、广州、长沙、成都、厦门等城市已经开始试运营或测试无人环卫车辆。

专用车道快速公交自动驾驶方面，宇通客车、中车电动、深兰科技、中通客车都已发布智慧公交解决方案，并在郑州、湖南、广州、天津、常州、德阳、衢州、池州、深圳等国内多个省市试运行。

在城市道路，Robotaxi 是我国 L4 级自动驾驶落地焦点。目前，百度、文远知行、小马智行、AutoX、Momenta 等公司已经开展相关示范运行工作，累计投入车辆数百辆，运行范围一般在几十至一百平方千米。

2020 年 4 月，百度宣布全面开放 Apollo Robotaxi 自动驾驶出租车服务，该服务在百度地图及百度 App 智能小程序上线。继沧州、长沙之后，2020 年 10 月百度自动驾驶出租车服务正式在北京全面开放，这一次的自动驾驶出租车测试区域总长度约为 700km，覆盖北京经济开发区（亦庄）、海淀、顺义等地生活圈和商业圈，共有数十个站点。用户通过百度地图或 Apollo GO App 就可以呼叫体验百度的自动驾驶出租车服务。2019 年 10 月，小马智行在加州尔湾推出自动驾驶打车服务 BotRide，同期，在广州南沙推出 PonyPilot Robotaxi 服务。2020 年 4 月底，AutoX 接入高德地图，目前仅在上海嘉定汽车城范围开放，用户需要通过后台人工审核后才可以进行试乘体验。2020 年 5 月，文远知行在广州黄埔区、经济技术开发区这两个占地近 145km² 的地区进行 Robotaxi 试运营。截至 2020 年 3 月，文远知行一共部署了百余辆自动驾驶车，公众可通过 WeRide Go App 进行打车试乘。

在高速路，高速公路货运是自动驾驶商业化的重要市场。2019 年 12 月，智加科技 L4 级自动驾驶货车完成了为蓝多湖提供的首次自动驾驶货运服务。图森未来已经在美国凤凰城、图森、埃尔帕索和达拉斯之间的七条不同路线上开展自动驾驶高速公路运输服务。2019 年以来，图森未来在东海大桥开展了应用于洋山港与芦潮港货运火车站间的无人驾驶港铁联运。

2.2　各场景示范应用现状

2.2.1　停车场（库）泊车示范应用现状

自主代客泊车（AVP）是指用户在指定下客点下车后，通过下达泊车指令，车辆可自动行驶到停车位，不需要用户操纵与监控；用户通过下达取车指令，车辆可以从停车位自动行驶到指定上客点；自动驾驶系统运行过程中，可实现多车动态的自动等待进入泊车位。根据《自主代客泊车系统总体技术要求》，AVP从技术路线上可分为三类：单车智能为主路线、场端智能为主（强场侧）路线、车场协同路线。

2019年，华为在深圳前海公共停车场联合完成了自动驾驶"最后一公里"AVP的完整闭环测试，这个功能也是华为自动驾驶系统全栈解决方案中非常重要的一环。此外，研发团队已完成自动驾驶"最后一公里"AVP应用平台开发，实现了车位分配及预订、路径规划、场内精准导航、碰撞预警、车位自动解锁、测量车位空间等功能。华为依靠在C-V2X车路协同技术上的优势，实现了车场协同的AVP。

2021年4月，百度AVP示范项目——百度Apollo，已经在北京、上海、广州三城开启Apollo领航辅助驾驶（Apollo Navigation Pilot，ANP）＋AVP量产自动驾驶体验活动。搭载百度AVP产品的威马W6也于2021年4月16日正式上市。百度AVP示范场地包括北京翠微印象城等。百度AVP基于5个摄像头＋12个超声波雷达方案，采用AVP专用车载计算平台，全面部署AUTOSAR，硬件安全岛设计达到功能安全最高等级（ASIL-D）。

2021年，AVP任务组计划组织行业力量共同开展《自主代客泊车系统总体技术要求》技术验证和示范工作。经过前期智能化改造，北京海淀区中关村西区停车场、北京经济开发区博大大厦停车场已经初步具备AVP示范应用的条件。中关村AVP示范项目由车亭智能、易图通、布谷鸟同创、流马锐驰等企业联合开发运营，已完成了场端AVP专用标识安装、场端智能传感器部署、监控管理平台建设、车端智能化系统开发等前期准备工作，初步具备了一键泊车、一键召车、避障等测试能力。目前，北京经济技术开发区（亦庄）正在建设网联云控式高级别自动驾驶示范区，在1.0建设阶段规划部署1个AVP停车场的智能化基础设施。下一步，北京高级别自动驾驶示范区、国家智能网联汽车创新中心、中国智能网联汽车产业创新联盟等单位将充分依托AVP停车场阶段性建设与示范成果，组织行业力量开展示范验证活动，进一步扩大 AVP 示范规模。

2020 年 10 月，博世、梅赛德斯 – 奔驰和停车场运营商 Apcoa 三方合作在斯图加特机场 P6 停车场引入无人化的全自动泊车，其 AVP 系统正式投入商业试运营，目前有 2 个 AVP 车位（未来视情况增加），支持 2020 年新上市的奔驰 S 级（搭载博世 Intelligent Park Pilot 系统）。场端基本设施有 Apcoa 的数字平台 Apcoa Flow（可自动识别客户车辆，进场、付款、开发票、离场均实现了无接触服务）、博世激光雷达 + 博世新型摄像头、P6 停车库入口的正后方设立一个下车区和取车区、指引牌等。其他配置包括博世为 AVP 智能基础实施设计了统一的标准和接口，让停车场能够方便快捷地安装相关硬件。

2.2.2　Robotaxi 示范应用现状

Robotaxi 是指使用高级别自动驾驶系统代替驾驶人进行驾驶，在可行驶范围内提供智能出行服务。作为出行即服务的关键组成，Robotaxi 能够有效避免人为因素引发的事故，降低用户出行成本，提高公众出行的便利性和环保性。

Robotaxi 是无人驾驶 MaaS 出行产业的关键组成，是打造自动驾驶安全出行新形态的重要力量。Robotaxi 的应用需要根据其适用范围循序推进，初期主要在交通秩序较好的城市道路区域和半封闭、园区道路，中期可在路况较好的高速公路区域，远期可在复杂城区（核心区）、高速公路（高架隧道等）、乡村道路等。当前 Robotaxi 的应用范围还受限于其设计运行域（ODD）范围内。

1. Robotaxi 国外应用现状

美国正从道路测试向商业收费的示范运营推进，逐步被政府和用户认可。亚利桑那州最早允许开放 Robotaxi 载人运输，在加州，自动驾驶车辆获得加州 DMV1 的部署许可证和 CPUC2 颁发的载客运输许可后，将被允许载客服务，但不能收取费用。目前，Waymo、Cruise、小马智行、AutoX 等获得了相关许可。

Waymo 于 2018 年开始向早期用户免费开放此项服务，2018 年 2 月，Waymo 获得亚利桑那州交通部门营运许可，允许其作为运输公司同优步（Uber）和来福车（Lyft）一样开展载客商业运营。随着示范运营覆盖范围逐步扩大，服务被民众所接受。Waymo 的 Robotaxi 运营范围从凤凰城扩展到加州南湾，已服务超过 10 万人次。

Cruise 于 2021 年 2 月获得加州 Robotaxi 示范牌照后，受疫情等因素影响，截至同年 7 月底一共只进行了 2 次合计 7mile（约 11.3km）的示范。2020 年 10 月，Cruise 获得加州第五张无安全员测试牌照，成为第一家可以在旧金山开展无安全员测试的企业。2021 年 5 月，Curise 和 Waymo 都已经提交了申请，两家公司希望在旧金山开始提供收费的自动驾驶汽车载客和送货服务。Waymo 在申请中表示，其自动驾驶车辆内将配备一位安全员，这些车辆将全天运营，在旧金山和毗邻的圣马提奥县（San Mateo County）北部的公路上提供打车服务或货物运输服务，车辆限速为 65mile/h（约 104km/h）。该公司还表示，在特定的条件下，以及特定的区域内，车辆可能会关闭自动驾驶模式，例如高速公路匝道和施工区，或大雨和湿滑的路况等。

欧洲等多地允许取消安全员的道路测试。荷兰、英国允许无安全员随行的道路测试。荷兰在 2017 年更新自动驾驶道路测试法案，允许在没有人类驾驶人的情况下进行测试。英国准许自动驾驶汽车在公共道路上测试，并提出非驾驶座位的测试员概念，但仍要求测试员能够实时接管汽车。日本警察厅先后颁布《自动驾驶系统道路实证测试指南》和《远程自动驾驶系统道路测试许可标准》，准许企业申请车内无人的远程测试。

2. Robotaxi 国内应用现状

百度 Apollo 于 2013 年启动自动驾驶技术研发，截至 2022 年年初道路测试覆盖了 30 个城市，累计获得全国自动驾驶测试牌照 200 张以上，其中载人测试车辆超过 120 辆，总体测试里程超过 700 万 km。百度于 2019 年 9 月起，在长沙、北京、沧州 3 个城市启动示范应用活动，用户可以通过百度地图、Apollo Go 小程序、Apollo Go App 约车试乘。目前，百度在这 3 个城市共有 100 辆 L4 级自动驾驶车辆投入示范，车辆为红旗 Robotaxi，载人测试里程合计超过 150 万 km。示范路网覆盖 391km^2，设立了 620 个安全停靠站点，单城日订单峰值达到 2703 单，服务的出行人次超过 21 万人次。在载人测试/示范工作中，车辆可与车路协同道路信息基础设施联动，实时获取交通信号灯配时状态及对象级路侧感知结果，通过车端与路端感知的融合，实现对恶劣天气、遮挡盲区、超视距等驾驶风险的预见。

文远知行自 2019 年 11 月 28 日起在广州市黄埔区开启 Robotaxi 运营，用户下载 WeRide Go App 即可呼叫用车，无需申请审核。从 2020 年 6 月起，文远知行 Robotaxi 上线全国性聚合打车平台高德，进一步提高开放程度，通过更多平台走向大众。目前，文远知行 Robotaxi 在黄埔区城中心 144km^2 范围内已经运营超过一年。2020 年 12 月公布的运营一周年数据显示，共安全完成 147128 次出行，服务用户数超过 6 万人次，无任何主动责任事故。

小马智行自 2018 年底便陆续在中美多地上线自动驾驶出行 Robotaxi 服务。2021 年 4 月，小马智行全面升级其自动驾驶出行 Robotaxi 服务 PonyPilot＋，运营范围扩大至中美五大城市：广州、北京、上海及加州弗里蒙特、尔湾，覆盖面积达 855km^2。在北京，小马智行 Robotaxi 服务范围将覆盖北京经济技术开发区（亦庄）150km^2 核心运营区域，其中包括约 150 个站点，服务时间从早 8:30 持续至晚 22:30。根据日常出行需求，小马智行的核心服务区内覆盖多个地铁站口、公园、体育中心等公共设施，重点商圈和住宅小区。在复杂的城区公开道路中，小马智行已累积了超过 500 万 km 的自动驾驶路测里程，全球的自动驾驶车队规模已超 200 辆。

东风汽车于 2019 年推出东风领航 Robotaxi 项目，2021 年 2 月，东风面向大众推出 Robotaxi 试乘体验。市民可通过手机 App 免费预约，在武汉经济技术开发区核心区域进行体验。东风自动驾驶领航项目，由武汉经济技术开发区和东风公司共同投资 6 亿元，现在已联合元戎启行、文远知行、AutoX、驭势科技、智行者、国汽智联国内 6 家自动驾驶头部企业，清华大学、武汉大学、吉林大学、同济大学、滑铁卢大学等国内外一流高校以及生态圈伙伴，共同组建了 Robotaxi 自动驾驶出租车队。目前，东风 Robotaxi 车辆已投放 55 辆，在武汉经济技术开发区的 6 个主要停靠点、15 条开放测试路段进行试运营，详见表 2-2。

2.2.3　乘用车高速公路自动驾驶示范应用现状

高速公路自动驾驶是指能够在高速公路或城市快速路上以限定范围内的车速行驶的功能。驾驶人必须主动激活系统，但不必持续监视，同时驾驶人可以在任何时候接管系统。当系统向驾驶人发出接管请求时，会给驾驶人预留足够的时间接管驾驶任务。如果驾驶人没有及时接管驾驶任务，那么系统应适时执行风险减缓策略。

北京、江西、湖北、浙江、湖南和重庆等地均进行了智慧高速的开发，对高速路段上的关键节点进行智能化及网联化改造。通过车路协同技术对道路基础设施进行升级，应用在智能网联汽车高速公路测试与应用、交通管理服务、出行信息服务以及交通效率提升等方面。一方面实现了车路协同和自动驾驶，另一方面实现了对道路交通状况的动态监控。例如，重庆石渝（沪渝南线）车路协同智慧高速是目前全球 C-V2X 车路协同智慧高速中规模最大、场景最复杂、可用性最高的常态运行的高速公路，目前已经投入示范运行。

表 2-2 Robotaxi 国内代表企业示范应用

企业名称	百度 Apollo			东风汽车	文远知行	小马智行	
示范区域	北京	长沙	沧州	武汉经济技术开发区	广州黄埔区	北京亦庄+海淀	广州南沙区
区域范围	海淀区、亦庄	洋湖区、梅溪湖区	运河区、新华区、开发区	沌口	144 km²	120km²	200km²
投放车辆	40 辆	30 辆	30 辆	>50 辆	40 辆	>50 辆	>50 辆
运营站点	51 个	164 个	145 个	100 个	>200 个	213 个	247 个
启动时间	2020 年 10 月	2020 年 4 月 19 日	2020 年 8 月 21 日	2019 年	2019 年 11 月 28 日	2020 年 1 月	2018 年 12 月
订单数量	>14000	>24000	>5800	>10000	>140000	>48000	
乘客数量	>17000	>29000	>6800	>10000	>60000	>600	
呼叫方式	百度地图、Apollo Go App 等	百度地图、Apollo Go App 等	百度地图、Apollo Go App	App 预约	WeRide Go App 或高德地图呼叫	PonyPilot App	
面向对象	18~60 岁市民	18~60 岁市民	18~60 岁市民		公开面向所有市民	向员工、员工亲朋和部分分公众开放	
运营时段	10:00—16:00	9:20—16:40	9:30—16:30	9:30—16:00	8:00—22:00	8:30—22:30	
统计周期	2020 年 10 月—2021 年 1 月	2020 年 4 月—2021 年 1 月	2020 年 8 月—2021 年 1 月		2019 年 11 月—2020 年 11 月	2018 年—2021 年 2 月	

2.2.4　通勤客车自动驾驶示范应用现状

通勤客车主要用于园区、城市、郊区和农村等应用场景的"第一公里"和"最后一公里"运输。该类车辆具备自主巡航、换道避障、紧急制动、路口通行、精确进站、自主会车以及自主超车等功能，可实现工业园区通勤、景区摆渡、机场摆渡等封闭区域的无人驾驶。

丰田、Navya、百度、宇通等企业瞄准量产，相继推出面向限定区域的自动驾驶微循环客车并展开测试示范，自动驾驶微循环客车已进入商业化应用前夕。

1. 通勤客车自动驾驶国外应用现状

目前，国外的通勤客车自动驾驶技术可实现封闭厂区或特定道路范围内的 L4 级自动驾驶，同时，各企业采取不同的环境感知方案实现了多种特定功能。这些通勤客车在法国、美国以及日本等国均进行了实际的道路测试，同时采取开放式的开发平台实现了通勤客车的多功能改造。Easymile 公司在 2014 年推出了内部没有转向盘、加速踏板、制动踏板等控制装置的智能驾驶接驳车 EZ10。EZ10 配备了 2 个 16 线激光雷达、6 个单线激光雷达、摄像头、GPS 和惯性定位系统，可实现巡线行驶、障碍物识别以及自动制动等 L4 级自动驾驶功能。

Navya 公司于 2015 年 10 月推出微型智能驾驶客车 ARMA，并于 2016 年获得了法国和美国加州的自动驾驶道路测试资格。该车通过使用激光雷达、GPS RTK、里程计和立体视觉摄像头等传感器融合的方案，实现了车辆对外界环境的感知和自车定位，同时具备 L4 级自动驾驶功能，可实现巡线行驶、自动制动、安全靠站停车等功能。Navya 与 Keolis 合作，于 2020 年 6 月推出 L4 级自动驾驶接驳车，该车不再配备安全驾驶人。

日本 MUJI 与芬兰自动驾驶公司 Sensible 4 于 2018 年 10 月合作设计了一款名为 "GACHA" 的自动驾驶客车，该车车身长 4.5m，配备了 4 个激光雷达、8 个雷达、360°视觉相机、高精度 GPS、惯性单元和 4G-LTE/5G 控制等传感器，可实现 L4 级自动驾驶功能。丰田汽车公司于 2018 年 1 月在国际消费电子展上首次展出其自动驾驶电动车 e-Palette，该车全长 4～7m，配备 L4 级自动驾驶技术，可在限定区域内实现高度自动驾驶。同时 e-Palette 内部可以根据不同需求进行自定义改造，其开放平台可用于共享乘车、商品零售和货物运送等用途。

国外自动驾驶通勤客车外观如图 2-1 所示，自动驾驶通勤客车国外代表企业示范应用详见表 2-3。

a）L4 级智能驾驶客车 EZ10

b）L4 级微型摆渡车 ARMA

c）"GACHA"自动驾驶客车

d）丰田 e-Palette 自动驾驶电动车

图 2-1　国外自动驾驶通勤客车

表 2-3　自动驾驶通勤客车国外代表企业示范应用

企业名称	国家	时间	示范地点	应用规模及示范效果
Easymile	法国	2019 年	法国、德国、美国、加拿大、澳大利亚、新加坡、沙特阿拉伯	Easymile 已经部署了 230 个无人驾驶项目，自发布以来已经运送超过 38 万名乘客，行驶里程已超过 60 万 km。新款 EZ10 的自动驾驶服务在 2019 年推广到新的园区，此外，2021 年还采用了混合交通部署
Navya	法国	2016—2020 年	法国、美国、德国、瑞士、日本、澳大利亚	2020 年 6 月，Navya 宣布推出 L4 级高度自动驾驶接驳车服务，即车上不再配备安全驾驶人，该项服务由 Navya 与 Keolis 合作。自 2020 年 6 月 22 日起，Autonom® Shuttle Evo 接驳车将在法国国家体育射击中心运行，可将运动员和游客从停车场运送至接待区，行驶路线全长 1.5km，最高行驶速度为 18km/h

（续）

企业名称	国家	时间	示范地点	应用规模及示范效果
Sensible 4	芬兰	2020 年	芬兰	2020 年 6 月，MUJI 在芬兰启动示范运营，提供"最后一公里"自动驾驶接驳服务
丰田	日本	2018 年	日本	2020 年 12 月，丰田发布 e-Palette 运行管理系统，并表示其自动驾驶汽车 e-Palette 将于 2025 年前在多地实现商业化应用，并在 Woven City 运行

2. 通勤客车自动驾驶国内应用现状

目前，国内在通勤客车领域已有较多企业参与其中并有较多的示范应用。其中，各公司的通勤自动驾驶客车均可实现在园区和景区等封闭场景下的 L4 级自动驾驶功能。宇通客车于 2018 年 6 月研发了面向园区和景区等封闭场景的 L4 级自动驾驶微循环客车。2019 年 4 月，宇通客车致力于打造全球第一条开放道路 L4 级自动驾驶示范运营线路，并在郑州市龙子湖智慧岛核心区域建设了自动驾驶一体化运营示范系统。2020 年 9 月，宇通客车围绕自动驾驶系统、远程驾驶系统、车路协同系统、云控平台、人文科技站台、网约服务系统以及自动驾驶公交场站等方面的郑州高新区 5G 自动驾驶网约客车落地天健湖。

厦门金龙与百度在 2017 年 6 月合作研发 L4 级自动驾驶微循环小客车。2019 年 8 月 21 日，"阿波龙二代"自动驾驶接驳车亮相智博会"重庆礼嘉智慧体验园"，承担游客接送等任务。厦门金旅在 2017 年研发了第一代 6.2m 自动驾驶小客车并开展测试与验证，其第二代自动驾驶客车"星辰"在 2018 年 4 月 17 日正式面世。该客车采用 L4 级自动驾驶系统，定位场景为封闭园区客运，开始面向落地运营阶段测试。2019 年 3 月，"星辰"自动驾驶客车在以色列特拉维夫会展中心的场地内进行了封闭道路演示。同年 8 月，"星辰"自动驾驶客车在厦门的多条公交线路上投入运营。

东风悦享、华为、环宇智行以及中国移动在 2019 年 3 月合作开发了 L4 级微循环车"Sharing-VAN"。苏州金龙和中国汽车技术研究中心有限公司（以下简称中汽中心）在 2019 年 4 月联合研发了 L4 级微循环车"深蓝"，该车采用车规级计算平台，配备激光雷达、摄像头以及毫米波雷达，巡航车速为 30～40km/h，可用于园区和景区等封闭区域的接驳服务。南京金龙、中国移动和江苏智行合作研发了 L4 级微循环车"未来号"，配备激光雷达、摄像头和毫米波雷达，最高车速为 40km/h，可用于园区和景区等封闭区域接驳服务。2019 年 3 月"蓝鲸号"亮相，它由开沃汽车自主研发，是国内首款具有 L4 级自动驾驶功能的无人驾驶观光车。该车可满足厂区和景区等客户通勤及观光需求，同时可实现封闭场景下自动循迹、主动避障以及自主寻找充电桩等功能。

国内自动驾驶通勤客车如图2-2所示，自动驾驶通勤客车国内代表企业示范应用详见表2-4。

a) 宇通微循环车

b) "阿波龙" 微循环车

c) 厦门金旅微循环车

d) 东风悦享微循环车

e) 苏州金龙微循环车

f) 南京金龙微循环车

图2-2 国内自动驾驶通勤客车

表2-4 自动驾驶通勤客车国内代表企业示范应用

企业名称	时间	示范地点	应用规模及示范效果
宇通客车	2019—2021年	河南、海南	2021年1月，中原科技城智能出行系统一期启动仪式在郑州郑东新区智慧城市管理中心举行，中原科技城先期投放10辆宇通自动驾驶微公交、10辆自动驾驶乘用车，开通8条专线，以智慧城市管理中心为基地，形成与CBD、智慧岛、郑州东站等重点片区多向连通，与主干线自动驾驶公交以及地铁无缝接驳，率先建成"主干线—支线—微循环"智能出行系统 2019年3月，宇通L4微循环车亮相博鳌亚洲论坛，该车续驶里程可达200km，满足全天的运营里程需要。博鳌论坛期间，宇通L4微循环车先后接待国内外领导、嘉宾及媒体37批超200人次，客户体验良好；2019年5月，宇通L4级5m微循环车在郑州智慧岛开放道路正式示范运营，截至2021年2月，已累计运行5.5万km

（续）

企业名称	时间	示范地点	应用规模及示范效果
红旗智能小客车	2019—2021 年	海南、吉林、福建、浙江、河北	2019 年 3 月，红旗 L4 智能小客车（第一代）在海南博鳌论坛开始示范运行，接待了工业和信息化部领导、国外嘉宾、媒体观众等几十批，超 200 人次。之后，该车先后在福建湄洲岛、杭州信息港，以及长春东北亚博览会、一汽 NBD 园区和净月潭公园等地开展了多批次的常态化示范运营，均取得良好反响 2020 年开始，一汽开始研发第二代 L4 红旗智能小客车，面向小批量产，可投放用户的设计理念，现已在长春、承德、南京等地开始示范运行
厦门金旅	2017—2019 年	四川、陕西、福建、江苏、浙江	"星辰"自动驾驶客车在以色列特拉维夫会展中心的场地内进行了封闭道路演示。2019 年 8 月，"星辰"自动驾驶客车在厦门的多条公交线路上投入运营
东风悦享	2019 年	湖北、山东	首批下线的 6 辆车在位于山东省青岛市的国家海洋实验室智能园区进行载人摆渡、运送物品等运营活动
苏州金龙	2019 年	江苏	2019 年 10 月，"深蓝"在苏州工业园区智能网联测试区开跑，并实现小批量产；2019 年 12 月，苏州金龙在国内首次实现了无人驾驶客车编队行驶
南京金龙	2018 年	江苏	2018 年 12 月，"未来号"在江宁未来城内部道路上进行测试，并在南京智行未来汽车研究院园区开展示范运行
开沃集团	2019 年	海南	2020 年 5 月，"蓝鲸号"在海南呀诺达雨林文化旅游区正式投入运营，可实现景区游客在固定线路、站点之间的无人驾驶接驳

2.2.5　专用车道公交自动驾驶示范应用现状

专用车道快速公交由于区域限定、路况相对简单、有隔离或专用道路特权、路线固定且享有优先通行路权等特点，适合开展自动驾驶技术的早期应用。目前，国内外大型客车企业已面向专用车道快速公交开展自动驾驶示范运营，国内宇通客车已具备小批量推广的水平。

1. 专用车道公交自动驾驶国外应用现状

目前，国外针对专用车道自动驾驶公交也有相关研究，奔驰的"Future Bus"以及沃尔沃同南洋理工大学联合研发的自动驾驶公交车均在特定的道路上完成了实际测试运行。奔驰"Future Bus"于 2016 年 7 月在荷兰的 BRT 线路开展测试，该车装备了 1 个车道线识别摄像头、2 个双目摄像头、3 个全局定位摄像头、2 个近景摄像头、4 个后视摄像头、1 个长距毫米波雷达、4 个短距毫米波雷达以及 2 套用于与交通信号灯进行通信的天线。该车具备自动巡线行驶、自动精准进出车站、自动制动、路口通行等自动驾驶功能。奔驰"Future Bus"已经在连接荷兰阿姆斯特丹 Schiphol 机场与小镇哈勒姆（Haarlem）的线路，以及西欧最长的一条 BRT 线路 Airport Line 300 上进行了公开道路测试。线路全程 20km，包括快速路、隧道、交叉路口等综合路况。

沃尔沃和南洋理工大学于 2019 年 3 月联合推出了一款 12m 自动驾驶公交车，该车首先在校园里测试并在 1 年内获得监管部门的批准，将测试范围扩展至公共道路。该车配备了立体视觉相机、激光雷达、毫米波雷达和卫星导航系统，可获取实时运动学信息，同时可实现 L3 级自动驾驶，具备巡线行驶、自动制动、障碍物检测以及路口通行等功能。国外自动驾驶公交车如图 2-3 所示。

a）奔驰"Future Bus"　　　　b）沃尔沃自动驾驶公交车

图 2-3　国外自动驾驶公交车

2. 专用车道公交自动驾驶国内应用现状

国内专用车道自动驾驶公交领域的主要企业有宇通客车、中车电动、深兰科技以及中通客车等，国内专用车道自动驾驶公交在研发过程中不断增加相应功能，同时在特定区域完成了道路测试。宇通客车于 2015 年 8 月在"郑开大道"上进行了全球首例自动驾驶客车开放道路试运行，车辆具备巡线行驶、自动防撞、车路协同、路口通行等自动驾驶功能。2016 年 12 月，宇通客车第二代自动驾驶系统研发完成，相对于第一代产品增加了自主避障、自主换道和自主超车等功能，提升了系统环境适应能力。中车电动于 2017 年 7 月在湖南株洲发布 12m 智能驾驶客车并在株洲开放路段进行测试。该车配备了前、后单目摄像头，激光雷达、毫米波雷达、超声波雷达等多个传感器，具备简单场景下的车道保持、巡线行驶、自动转向等功能。

深兰科技的"熊猫巴士"自 2019 年 6 月以来先后获得广州、上海的智能网联客车路测牌照和武汉的自动驾驶车辆商用牌照。"熊猫巴士"搭载了 L3 级自动驾驶、语音交互、精准广告推送、乘客异常行为监测等先进的人工智能技术，可实现路径规划、自主避障、自动制动等功能，同时适用于城市 BRT 线路、城市公交线路、园区接驳线路以及机场摆渡线路等。深兰科技于 2020 年 7 月成功完成熊猫智能公交车自动驾驶 2.0 升级。中通客车于 2020 年 8 月正式发布智慧公交解决方案，同期，其"5G 智能驾驶公交车"亮相青岛并上路测试运营。中通自动驾驶公交具备自动巡航、自动转弯、自动变道、障碍物识别及响应、站台精准停靠、交通信号灯路口通行等功能。2020 年 12 月，中通客车获得聊城市智能网联汽车道路测试牌照。

国内专用车道自动驾驶公交车如图 2 - 4 所示，专用车道自动驾驶公交国内代表企业示范应用详见表 2 - 5。

a）宇通自动驾驶公交

b）中车电动新一代智能驾驶
客车"智巴客"

c）深兰科技"熊猫巴士"

d）中通客车自动驾驶公交

图 2 - 4　国内专用车道自动驾驶公交

表 2－5　专用车道自动驾驶公交国内代表企业示范应用

企业名称	时间	示范地点	应用规模及示范效果
宇通客车	2015—2020 年	郑州、北京	宇通客车在"郑开大道"上进行了全球首例自动驾驶客车开放道路试运行，测试全程 32.6km，用时 65min，途经 26 个交通信号灯，平均行驶速度为 30km/h，最高车速为 62km/h。系统整体功能及性能领先行业水平近 1 年，与 2016 年 7 月奔驰发布的"Future Bus"功能相当；第二代产品在北京通州测试场完成超过白天的可靠性路测；宇通在郑州北龙湖的 5G 智能网联公交项目建成并移交郑州公交运行，线路全长 17.4km，共设 34 座智能公交站台、1 个智能公交停车场，车辆具备超级巡航、动态避障、路口通行、车路协同、AVP、自动充电等功能，截至 2021 年 2 月，已累计行驶 21 万 km，平均车速提高 1 倍
中车电动	2017—2021 年	湖南、法国	2018 年 10 月，中车电动 12m 智能驾驶客车顺利获得长沙首批智能网联汽车开放道路测试号牌；2018 年 12 月，中车电动智能驾驶公交在湖南湘江新区智慧公交示范线投入示范运营；2021 年 1 月，中车 C12AI 12m 自动驾驶客车通过了在法国巴黎进行的道路测试，获得法国首个 12m 自动驾驶客车开放道路运行许可
深兰科技	2019—2020 年	广州、上海、武汉、天津、深圳、江苏、四川、浙江、安徽	深兰"熊猫巴士"智能公交车在国家智能网联（上海）测试区的封闭场地测试中里程超过 4000km
中通客车	2020 年	山东、山西	目前正在青岛、聊城以及中通客车厂周边开展路测工作

2.2.6　货车高速公路自动驾驶示范应用现状

根据世界卫生组织发布的报告，全球每年有 125 万人死于交通事故。商用车的特点决定了它是重大伤害的施加者和被伤害者，迫切需要运用技术措施减少事故发生、降低事故伤害，以此提升道路交通安全水平。同时，高速公路重型货车运输交通事故频发、运营成本压力大、货车驾驶人难招募难管理，以及车辆利用率低的行业问题突出。高速公路是典型的封闭性结构化道路，而自动驾驶技术在封闭性结构化道路中最容易实现。货车作为运输的重要载体，其行驶特点也更适合自动驾驶技术的实现。

1. 货车高速公路自动驾驶国外应用现状

目前，国外高速公路自动驾驶货车代表企业主要有斯堪尼亚、戴姆勒、Embark 以及智加科技（Plus.ai）等。目前高速公路自动驾驶货车的测试任务需要驾驶安全员，且其数据处理及控制决策的软件均采用车载方式。斯堪尼亚以自身的先进技术为基础，设计了世界上首个智能健全且覆盖面广的自动驾驶货车队列行驶运营项目。戴姆勒货车于 2019 年 4 月收购了自动驾驶公司 Torc Robotics，随后共同在美国弗吉尼亚州西南部的高速公路测试 L4 级自动驾驶货车。

Embark 通过车载机器学习软件和货车上的传感器数据实时绘制周围环境以避开障碍物，这样可以在建立新路线之前削减所需的成本和时间。目前，Embark 的车队已经在洛杉矶郊区和亚利桑那州之间运送商业货物。这些货车目前仍由人类驾驶人驾驶，但随时准备在必要时由自动化系统控制。到目前为止，Embark 公司的货车仍然是由人类驾驶人把拖车挂在美国 I-10 公路沿线的指定地点后，继续前往仓库和配送中心，由一名试驾驾驶人负责检查车厢里的东西。

智加科技在 2019 年国际消费电子展（CES 2019）上展示了其全栈 L4 级自动驾驶货车技术。International LT 系列牵引车采用智加科技 L4 级自动驾驶技术，可实现"仓对仓"场景高速公路的自动驾驶。智加科技的精确定位和控制系统集成了深度学习视觉算法，使用车道检测、激光雷达、同步定位与地图构建（SLAM）等一系列领先的技术解决方案。智加科技的自动驾驶货车在运输过程中仍保留一名安全驾驶人进行监控并在必要时接管，另一名安全工程师则监控系统的运行情况。

国外高速公路自动驾驶货车如图 2-5 所示，高速公路自动驾驶货车国外代表企业示范应用详见表 2-6。

a）斯堪尼亚自动驾驶货车　　　　　　b）戴姆勒自动驾驶货车

图 2-5　国外高速公路自动驾驶货车

c）Embark 自动驾驶货车

d）智加科技自动驾驶货车

图 2-5　国外高速公路自动驾驶货车（续）

表 2-6　高速公路自动驾驶货车国外代表企业示范应用

企业名称	国家	时间	示范地点	应用规模及示范效果
斯堪尼亚	瑞典	2021 年	瑞典	2021 年 2 月，瑞典货车及客车制造商斯堪尼亚表示其已获得瑞典运输署的许可，将在南泰利耶至延雪平省之间的 E4 高速公路上测试自动驾驶货车
戴姆勒	德国	2021 年	美国	2021 年 2 月，Torc 将在新墨西哥州和弗吉尼亚州部署新一代自动驾驶货车测试车队，并与亚马逊携手开发自动驾驶货车
Embark	美国	2018 年	美国	2018 年 2 月，美国自动驾驶初创公司 Embark 完成了自动驾驶半挂货车测试。Embark 旗下自动驾驶货车从加利福尼亚州一路开往东海岸的佛罗里达州，行程总计约 2400mile（约 3862.4km）。Embark 总共用了 5 天时间，穿过了美国南部的 8 个州
智加科技	美国	2019 年	美国	2019 年 12 月，智加科技 L4 级自动驾驶货车完成了为蓝多湖提供的首次自动驾驶货运服务。同月，智加科技宣布完成了从加州图莱里到宾夕法尼亚州的半自动驾驶货车的长途运输

2. 货车高速公路自动驾驶国内应用现状

目前，国内高速公路自动驾驶货车代表企业主要有图森未来、小马智行、赢彻科技、主线科技以及大唐高鸿等，它们在高速公路自动驾驶货车的技术以及智慧物流运营平台的开发方面均有相关探索。图森未来于 2020 年 7 月在美国启动全球首个无人驾驶货运网络，该货运网络由无人驾驶货车、物流枢纽中心和运营监控系统构成，计划合作伙伴包括物流企业 UPS、物流服务企业 Penske、运输企业 U. S. Xpress 和供应链服务企业 McLane。赢彻科技聚焦于干线物流运营场景，自主研发 L3 和 L4 级自动驾驶技术，在中美两地成立研发中心并开展业务。同时，在商用车自动驾驶领域首次提出车规级量产的研发路线，真正将技术落地实现产品化。主线科技与福佑于 2020 年 8 月成立自动驾驶运营合资公司北京智卡互联科技有限公司，深化"智慧物流服务系统"与"智能驾驶系统"的结合，共同打造新一代"智慧物流平台"，探索干线智能物流运输试运营，实现高速或类高速公路场景下小批量商业示范落地。

　　国内高速公路自动驾驶货车如图 2-6 所示，高速公路自动驾驶货车国内代表企业示范应用详见表 2-7。

a）图森未来自动驾驶货车

b）小马智行自动驾驶货车

c）赢彻科技自动驾驶货车

d）主线科技自动驾驶货车

图 2-6　国内高速公路自动驾驶货车

表 2-7　高速公路自动驾驶货车国内代表企业示范应用

企业名称	时间	示范地点	应用规模及示范效果
图森未来	2019—2020 年	上海、美国	2020 年 6 月 22 日，图森未来在上海获得 5 张无人驾驶货车公开道路测试牌照。截至 2021 年 3 月，图森未来在上海自贸区临港新区相关物流场景的测试里程已达 247699.364km 2019 年 5 月开始，图森未来正式向美国邮政（USPS）提供无人驾驶运输服务，并开发在亚利桑那州凤凰城邮政服务中心与得克萨斯州达拉斯配送中心之间超过 1600km 的运输线路

（续）

企业名称	时间	示范地点	应用规模及示范效果
福田汽车等	2019 年	北京	2019 年 5 月，全国汽车标准化技术委员会（以下简称汽标委）组织国内的福田汽车、中国重汽、东风商用车等主机厂完成国内首次大规模列队跟驰公开试验；2019 年 12 月，首发集团、福田汽车、图森未来、奥迪在京礼高速路联合开展国内首次隧道、山地、桥梁全地形列队跟驰实践，为行业带来较好的示范效果
小马智行	2020 年	美国加州、广东	小马智行自动驾驶货车于 2020 年 7 月起在美国加州进行开放道路测试。商用测试路线往返共计 140km，该段道路车辆类型多，车流量大，测试速度达 88km/h。小马智行的重型半挂牵引车于 2020 年 12 月 16 日获得广东（华南）首张自动驾驶货车牌照。目前在广州南沙区龙穴岛开展道路测试工作，完成路测里程指标累积后，将申请包括高速公路在内的更多测试道路
嬴彻科技		湖南、山东	在长沙黄桥大道（城市快速路）进行测试，车队车辆数量 5 辆。交通流比较复杂，时有行人、摩托车等非高速行驶车辆经过或穿行，测试路段设置交通信号灯，尚未安装 V2X 设施。在山东高速莱芜测试场进行测试，车队车辆数量 5 辆。测试路段包含上下坡、隧道、弯道等场景。交通流较简单，几乎没有社会车辆
主线科技	2020 年	天津、北京	在天津东疆港的开放道路上，使用 3 辆具有安全员的 L4 级自动驾驶集装箱重型货车，进行内堆场与外堆场之间的集装箱转运实际业务。通过国家重点研发计划与国内 9 条高速公路的签约示范，项目成果将在这些签约示范的高速公路进行测试和小范围应用
大唐高鸿	2020 年	重庆	示范路段总长 64.5km，共计部署 350 余台 C-V2X RSU，400 余套路侧感知、计算、显示设备，双向覆盖近 130km，包括 12 处隧道、8 处交通互通、5 处事故多发区域。通过路侧融合感知设备与 AI 系统、北斗高精度定位系统的部署，为道路管理提供丰富的可视化信息和远程管控手段，显著提升高速通行安全水平、通行效率和应急处置能力

2.2.7　场内货运示范应用现状

智能网联汽车自动驾驶场内货运场景是指在港口、厂区和园区等封闭区域，通过场内作业系统的调度指挥，由无人驾驶汽车配合自动化装卸货设备自主完成固定路线货物的水平运输。目前，场内货运主要有港口货运、厂区货运和园区货运。

港口货运自动驾驶的示范主体为港口运营商，目前主要用于集装箱装卸的水平运输和不同集装箱堆场之间的转运。小型码头没有全自动化需求，因此与自动驾驶科技公司合作在传统码头进行的测试呈现出有人驾驶和无人驾驶混行的场景。大型码头有强烈的自动化需求，目前已经开始对传统码头进行自动化改造或建设全新的自动化码头，对自动驾驶的需求较大且整个封闭区域全部采用自动驾驶的智能车辆。国内示范应用企业主要包括重汽、一汽解放、陕汽和三一集团等。

迄今为止，全国约有 10 个左右的港口（包括海洋港口和内河港口）在利用智能网联汽车进行集装箱运输无人化的测试或试运行。港口货运自动驾驶所采用的车辆主要有两类：一类是智能集装箱货车（业内俗称智能集卡）在传统的集卡线控底盘上叠加 L4 级自动驾驶系统；另一类是具备 L4 级自动驾驶功能的智能平板车，在专门为港口集装箱运输作业设计的平板式线控底盘上叠加 L4 级自动驾驶系统。在无需对传统港口设施进行大改造的情况下，智能集卡或智能平板可融入码头集装箱水平运输的实际作业场景。

厂区/园区货运的示范主体主要是工厂和物流园区等，其场景特征部分与港口货运类似。自动驾驶车辆具有固定、封闭、低速的运行环境，同时也具备结构化的道路交通环境。生产性园区业务场景通常有采购原料进厂、成品外发以及生产车间及成品/半成品库区之间的短倒三大类业务场景。厂区/园区货运与小型港口货运相同，无人驾驶车辆同样会与有人驾驶车辆混编作业，同样也有可能会与外部车辆产生交互。厂区/园区货运与港口货运不同的场景特征是，厂区/园区货运场景中货物的形状和重量、车辆类型、作业模式以及自动驾驶系统需要适配的运输业务形态等方面都各不相同，并且需要构建不同的无人驾驶车辆调度管理体系。场内货运车辆如图 2 - 7 所示。

对于港口货运自动驾驶的测试和示范，目前通过预设程序或在码头作业系统的指挥下，单车可以执行完整的集装箱运输作业。同时，已经完成了多辆自动驾驶车辆的编组作业，测试验证了有人驾驶车辆与自动驾驶车辆的混编作业，已经

a) 陕汽自动驾驶牵引车

b) 三一自动驾驶牵引车

c) 上海临港智能码头

d) 国际码头的智能集卡

e) 天津港 C 段码头智能集卡

f) 唐山京唐港智能集卡

图 2-7　场内货运车辆

从前期的车上有安全员测试示范逐渐过渡到车上完全无人的测试示范。现有的示范应用情况：从流程上基本达到了自动化集装箱码头的要求；从安全性上通过自动驾驶安全冗余技术、安全操作流程、安全管理制度，以及基于 5G 的远程控制等安全机制，基本满足了港口场景的安全运行。示范运营模式目前有两类：一类是采用产品销售的模式，同时提供长期的现场技术支持，以促进自动驾驶技术迭代；另一类是自动驾驶科技公司提供自动驾驶智能车辆，采用按箱收费或按时间租用的方式进行试运营。目前，正在通过自动驾驶技术迭代和车辆调度管理系统的优化，提高港口基于无人驾驶集装箱运输的作业效率。

对于厂区/园区货运的测试和示范，目前已经完成完整线路的自动驾驶货物运输试点。对于载重要求不高的场景，通常采用一个电动小牵引车拖挂多个无动力平板挂车的形式。场内货运国内代表企业示范应用详见表 2-8。

表 2-8　场内货运国内代表企业示范应用

示范地点		应用规模及示范效果
天津港	五洲国际码头	传统集装箱码头自动化改造，25 辆智能集卡的长期测试和试运行，搭建了智能集卡车队管理系统。已经能够完成整船作业，能够实现有人驾驶和无人驾驶混行，能够实现完全无人化运行

（续）

示范地点		应用规模及示范效果
天津港	C 段码头	全自动化集装箱码头，6 辆智能集卡进行测试。预计要采用 100 辆以上 L4 级智能网联汽车。车辆类型包括智能集卡和智能平板车两种。通过云服务实现基于智能网联汽车的水平运输系统，通过车路云协同驾驶、时空预测路径规划、V2X 信息融合、动态高精地图等关键技术，实现自动化水平运输高效运作、两类智能车辆的混合调度
	天津港	2018 年 4 月，中国重汽就已经与天津港集团、主线科技联合打造了全球首辆 L4 级纯电动无人驾驶港口集装箱货车。中国重汽还与主线科技联合发布了"人工智能 + 无人驾驶 + 港口"的创新应用模式
	山东日照港	2021 年有 15 辆智能集卡加入
宁波舟山港	舟山港梅山港区	13 辆智能集卡与传统有人驾驶集卡进行混行测试运行
	招商局宁波大榭码头	3 ~ 5 辆智能集卡的测试
	招商局深圳妈湾港	前期有 5 辆左右智能集卡测试。2021 年有 18 辆智能集卡进场试运行，采用智能集卡租用方式运营
	唐山京唐港	一汽解放智能港口车协同岸桥吊及堆场吊，在有外界车辆混流运行的情况下，完成了 4h 连续装卸箱循环作业，全程抓取集装箱成功率达到 100%
上海临港		2019 年 5 月，"洋山港智能重型货车示范运营项目"正式启动。截至 2020 年 12 月底，投入 15 辆上汽红岩智能重型货车开展载货示范应用，累计自动驾驶里程 26.7 万 km，已完成超 2 万 TEU[①]运输量。图森未来智能重型货车同步开展东海大桥及港区特定场景测试，下一步将逐步开展载货示范应用
	厦门远海码头	6 辆智能集卡的测试
	武汉花山港	3 辆智能平板车的测试

①TEU 即 20 英尺（ft）标准集装箱。

2.2.8 矿山运输示范应用现状

从市场需求的角度出发，以"安全和效率"为生命线的矿企有强烈的意愿拥抱自动驾驶。从技术落地的角度来看，行驶路线固定、行驶限速严格控制及人员严格管控等场景特征使得矿山场景的自动驾驶更容易实现。从行业发展趋势来看，早期试点的智慧矿山项目，投入试运营的无人矿山货车（业内俗称矿卡）数量呈逐年上升的趋势。随着乘用车市场智能驾驶技术的发展，传感器等新型零部件的成本将逐年降低，这也会在一定程度上降低矿卡智能化升级的成本。

1. 矿山运输国外应用现状

国外矿用货车无人驾驶技术起步早且技术相对成熟。美国卡特彼勒公司早在20世纪80年代就开发了第一辆自动采矿货车，以其2008年开发的 Mine Star（矿山之星）矿用无人驾驶管理系统和日本小松公司于2005年开发的自动运输系统（Autonomous Haulage System，AHS）无人矿卡管理系统为代表的矿卡无人驾驶技术已经累积多年，且已在巴西淡水河谷（Vale do Rio Doce）和澳大利亚所罗门（Solomon）等矿山投入超600辆无人驾驶矿卡进行规模化运输作业。

美国卡特彼勒"Mine Star"系统是行业内用途最广、集成最全面的采矿作业和移动设备管理系统。该系统开发的功能丰富，涵盖车队、地形、检测、健康和指挥等多个管理模块，通过相关配置可以将系统应用于矿区各场景下的矿料运输需求。

小松 AHS 无人矿卡管理系统是一个集监控、管理等多功能于一体的综合性矿山车队管理系统，系统管理的每辆无人驾驶矿用货车均安装有车辆控制器、高精度 GPS 系统、障碍物侦测系统和无线网络系统。AHS 通过接收无人驾驶矿卡GPS 系统定位信息为车辆进行运输路线规划，由无人驾驶矿卡按照指定车速沿该路线行驶，进而完成装—运—卸各场景下的主动运输。

美国自动化解决方案商 ASI 在2010年推出了矿用货车无人驾驶系统，主要为矿用货车提供无人驾驶改装方案。ASI 的无人驾驶系统不仅能够应用于矿区领域，也可以应用于农业、国防、清扫、安保等领域。ASI 和拥有欧洲最大铁矿床的 Ferrexpo 公司通过改装卡特彼勒793D 矿卡，于2019年10月成功完成了自动驾驶的商业部署测试。

国外无人矿卡如图2-8所示，矿山运输国外代表企业示范应用详见表2-9。

| a）卡特彼勒无人矿卡 | b）小松无人矿卡 | c）ASI 无人矿卡 |

图 2 - 8   国外无人矿卡

表 2 - 9   矿山运输国外代表企业示范应用

企业名称	国家	时间	示范地点	应用规模及示范效果
卡特彼勒	美国	2020 年	南美洲、北美洲、澳大利亚	CAT 793F 无人驾驶矿用货车配备有 Mine Star 的自动运输系统（Cat Command for Hauling）。作为卡特彼勒智能采矿技术 Mine Star 的重要组成部分，自动运输系统在实际应用中表现优异。截至 2021 年 9 月，超 280 辆卡特彼勒无人驾驶货车在北美洲、南美洲和澳大利亚的矿场运营，安全运送的物料已超过 30 亿 t，工作效率提升了 20% ~ 30%
小松	日本	2017 年	澳大利亚、南美洲、北美洲	小松的无人运输系统在澳大利亚、南美洲、北美洲的 6 座矿山得到应用，运输矿物品种包括铜、铁和油砂，无人驾驶车辆总数超过 251 辆，无人驾驶车辆累计运输了 35 亿 t 物料，无人驾驶车辆以及系统在安全性、生产力、环境耐受性和系统灵活性方面得到了验证
ASI	美国	2010 年	澳大利亚	ASI 改装后的矿用无人驾驶货车与有人驾驶货车相比，总成本降低了 15%，每辆矿卡每年可多工作 500h，大大提高了生产效率。目前 ASI 已经获得对卡特比勒、小松、日立的超 90 辆矿卡的改装商业订单
智利北方铜矿公司（Codelco Norte）	智利	2005 年	智利	该公司旗下最大的铜矿丘基卡马塔（Chuquicamata）铜矿为露天转井下矿山，该公司在露天开采收尾阶段由于运距太大，采用了矿卡无人驾驶技术

（续）

企业名称	国家	时间	示范地点	应用规模及示范效果
森科尔能源公司（Suncor Energy）	加拿大	2019 年	加拿大	该公司计划从 2019 年起以 North Steepbank 矿山为试点，在公司运营的矿山上分阶段实施自主运输系统，计划部署超过 150 辆无人驾驶货车，预计未来 6 年内将减少约 400 个重型设备操作员岗位
Fortescue Metals Group（FMG）	澳大利亚	2013 年	澳大利亚	2013 年 FMG 与卡特彼勒公司合作，在索罗门铁矿区（Solomon Hub）签订了全自动 793F 矿用货车协议，无人驾驶矿卡数量从开始投入使用的 8 辆发展到目前的 54 辆。无人驾驶矿卡使矿区的运行效率提高了 20%

2. 矿山运输国内应用现状

国内以踏歌智行为代表，在 2017 年与华为、北方股份、北京航空航天大学、包钢集团等深度合作，并于 2018 年创建了基于 5G 的大型矿区无人驾驶运输系统，同时推出较为成熟的"旷谷"智慧矿山解决方案。慧拓智能和航天重工等企业均已推出针对矿山的无人驾驶解决方案，如"愚公"平行矿山解决方案，该方案在国内多省市完成了矿山运输无人驾驶的技术验证，充分论证了行业应用的可行性。

踏歌智行的"旷谷"智慧矿山解决方案由车载系统"睿控"、地面系统"御疆"和云控平台"天枢"三部分组成。车载系统"睿控"包括无人矿卡终端（矿卡、宽体自卸车）、协同作业车辆终端（电铲/挖掘机、推土机等）和预警终端（生产指挥车、洒水车等）。地面系统"御疆"包括路侧单元（RSU），是保障系统稳健运行的重要支撑。云控平台"天枢"是无人驾驶运输管理系统，具备调度规划、远程监控、信息回放、数据管理等多种功能。该系统能够为露天矿应用场景提供车、路、云一体化无人运输解决方案。

慧拓智能"愚公"平行矿山解决方案由云端智能调度管理系统、矿车无人驾驶系统、挖机协同作业管理系统、无人运输仿真系统、远程驾驶系统和 V2X 车路协同感知系统六个系统构成。麻地梁井工煤矿已建设的"5G + 智能采煤系统"集无线通信系统、视频控制系统和智能控制系统于一体，建立了以液压支架自动跟机、采煤机记忆割煤为主，人工过程干预为辅的作业模式，真正做到了无人跟机作业同时有人安全值守。矿山运输国内代表企业示范应用详见表 2 - 10。

表 2 - 10　矿山运输国内代表企业示范应用

企业名称	时间	示范地点	应用规模及示范效果
踏歌智行	2019 年	内蒙古	2019 年 7 月，踏歌智行与包头钢铁（集团）签订了 17 辆大型矿卡无人驾驶改造合同，实现了"6 辆大型无人矿卡 + 3 辆电铲"连续 2 年的无人驾驶编组作业；与国内矿山 EPC 总承包龙头企业中环协力签订 200 辆宽体车无人驾驶改造项目合同，并追加 1.8 亿元订单的矿山无人驾驶运输运营项目合同，该项目是目前国内矿用车数量最大的矿山无人驾驶项目，同时已实现了 11 辆宽体自卸车的无人化应用，在国内率先完成无人驾驶宽体自卸车夜班作业，打造了宽体自卸车无人运系统样板工程；踏歌智行在神华北电胜利能源部署了 7 辆 220t 级无人驾驶车辆，在平庄煤业部署了 24 辆、在中煤华利集团哈密和翔部署了 6 辆、在西藏巨龙铜矿部署了 3 辆矿用无人驾驶车辆。截至 2021 年 11 月，踏歌智行改造的无人驾驶矿卡行驶里程超 6 万 km，无事故运行超 1000 天，运输的矿石土方量超 40 万 t
慧拓智能	2020 年	内蒙古	2020 年 7 月 25 日，内蒙古自治区安监局领导在神宝能源公司考察全球首个极寒型复杂气候环境露天矿"5G + 无人驾驶卡车编组安全示范工程项目"（现场演示连续避障、30km/h 高速运行、模拟装载卸载等工况）；2020 年 12 月 10 日，编组作业矿车全天候运行，车速已超过有人驾驶速度，达到 38km/h，超过矿山驾驶最高时限。截至 2021 年 9 月，慧拓智能有 22 辆大型无人驾驶矿卡在宝日希勒、大唐宝利、中金乌山铜矿、中煤平朔等矿区运行，累计满载运输超过 5600 多车次，运输土方超过 44 万 m³，运输里程数超过 2.5 万 km
皖北煤电智能公司	2020 年	内蒙古	为有效破解采煤机、综掘机、机器人、胶轮车等移动设备在数据、远程集控等方面的技术瓶颈，在前期井下工作面等处布设 5G 基站的基础上，各相关业务单位通力合作，通过不断尝试、摸索、优化，最终确定从终端设备无线传输的组网方案，有效实现井下无人驾驶

(续)

企业名称	时间	示范地点	应用规模及示范效果
山东黄金矿业（莱西）	2019 年	山东	2019 年 11 月 13 日完成了 −500m 中段 5G 基站设备、线路安装，基站设备网络调试及无人驾驶电机车运输系统的网络对接等工程，成功实现 −500m 中段 5G 网络全覆盖，5G 智能驾驶电机车一次性试车成功。这是国内首次实现 5G 在矿业井下作业场景的部署及应用，标志着 5G 井下工业化应用在智能矿山建设中迈出了关键的一步
北矿智能	2020 年	安徽	针对罗河铁矿井下运输系统现状，开展电机车无人驾驶与远程遥控放矿系统方案的设计并开展设备安装、线缆敷设与设备改造，以满足井下电机车无人驾驶与远程遥控放矿系统运行要求

2.2.9 末端配送示范应用现状

无人物流配送是智能网联汽车中功能型无人车的重要应用场景之一，发展无人物流配送一方面能够推动技术升级，另一方面能够加速智能网联汽车的产业化发展。近年来，全球多国都围绕无人物流配送开始了技术及产品布局。

中共中央、国务院于 2019 年 9 月印发的《交通强国建设纲要》明确提出：加速新业态新模式发展，加快快递扩容增效和数字化转型，同时积极发展无人机（车）物流递送。交通运输部于 2020 年 12 月 30 日发布《关于促进道路交通自动驾驶技术发展和应用的指导意见》，提出要推动自动驾驶技术试点和示范应用，鼓励在港口、机场、物流场站、交通运输基础设施建设工地等相对封闭的区域，以及邮政快递末端配送等场景进行商业化应用。2021 年 5 月，在第八届国际智能网联汽车技术年会上，北京市高级别自动驾驶示范区发布了《无人配送车管理实施细则》（试行版），京东、美团、新石器慧通成为国内首批获得无人配送上路资质的企业，在国内率先实现了无人配送车的"持证上岗"。此外，北京市高级别自动驾驶示范区 2.0 阶段已经开始建设，将继续大力拓展各类商业化应用场景，持续推动智能化基础设施建设，推动路侧基础设施建设。2021 年 8 月，芜湖市出台了《芜湖市京东无人配送车试运营管理办法（试行）》。目前，无人物流配送主要可细分为无人配送、无人厂区物流、无人零售等多个场景。

1. 无人配送应用现状

（1）国内现状

无人配送场景主要涵盖利用无人车完成物品流通环节中，产品生产到客户之间配送过程的场景，可实现提高效率、减少成本的目标。目前，利用无人车完成配送的物品种类越来越多，主要包括快递、外卖、药品、图书以及其他货物。由北京理工大学、阿里巴巴、京东、东风、行深智能等高校和企业研发的无人快递配送车已在多个城市开始示范运营。阿里巴巴自研的小蛮驴 G 系列无人配送车在杭州、北京、天津、上海、成都、西安、武汉以及南通等城市的高校和社区等半封闭园区实现了常态化、商业化配送运营服务。

2016—2020 年，京东物流无人车经过了 4 个大版本的迭代，京东物流 4.0 版本可进行远程接管。2020 年投入"抗击新冠肺炎疫情"使用，提供服务 107 天，往返 6800km。京东物流于 2020 年 7 月在江苏常熟正式启动了城市级智能配送项目落地运营，助力常熟打造全球首个智能配送城，并开创了"智能快递车领养计划"。在智能配送城所在区域里，京东快递员可以申请"领养"一定数量的智能快递车配合自己的工作。东风集团在武汉世界军人运动会（以下简称军运会）期间推出 Sharing Box 无人配送车，获准在武汉智能网联示范区示范运营。行深智能于 2020 年 10 月携手湘潭大学开启校园快递无人配送，于 2021 年 1 月又携手江汉大学启动校园快递无人配送。目前，行深智能无人车已在园区、校园、社区等场景提供无人配送服务。

无人配送车如图 2-9 所示，末端配送国内代表单位示范应用详见表 2-11。

a）北京理工大学无人配送车

b）美团无人配送车

c）阿里巴巴无人配送车

d）京东无人配送车

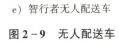
e）智行者无人配送车

f）新石器慧通无人配送车

图 2-9　无人配送车

g）苏宁无人配送车

h）东风无人配送车

i）行深智能无人配送车

j）Nuro 无人配送车

k）Starship Technologies 无人配送车

图 2-9　无人配送车（续）

表 2-11　末端配送国内代表单位示范应用

单位名称	时间	示范地点	应用规模及示范效果
北京理工大学	2020 年	北京、浙江、江苏	因具备 5G 云控技术，该无人车还具备物资无人配送功能，可通过遥控操作或自主循迹的方式实现非接触远程物资运输与配送功能，防护品、工作人员餐食、防疫宣传品等均可妥善收纳，有效承载能力可达 300kg，续驶里程 60km，满电情况下防疫监测功能可连续工作 10h，并支持快速换电
美团	2021 年	北京	截至 2021 年 1 月，无人配送车辆规模达到 50 辆，计划到 2023 年，投入 1000 辆在顺义运营；截至 2021 年 4 月，美团无人配送车已经在顺义区的 20 多个小区投入运营，累计配送 3.5 万单，自动驾驶里程近 30 万 km，已经积累了一定的技术经验
阿里巴巴	2020 年	杭州、北京、天津、上海、成都、西安、武汉、南通	作为一款纯电无人配送车，小蛮驴采用的是抽拉式蓄电池，支持换电，满电状态下可行驶 102km。其最高行驶速度为 20km/h，属于低速配送小车的范畴；2020 年 9 月起，自研小蛮驴 G 系列无人配送车在杭州、北京、天津、上海、成都、西安、武汉、南通等城市开启常态化配送运营服务

（续）

单位名称	时间	示范地点	应用规模及示范效果
京东	2016—2020 年	河北雄安、武汉、江苏常熟	2016 年 9 月，正式发布京东智能快递车；2017 年 6 月起，智能快递车在国内多所高校和园区内进行常态化运营；2018 年 7 月，智能快递车在河北雄安常态化运营；2020 年 2 月，智能快递车"大白"为武汉第九医院提供医疗物资配送服务；2020 年 7 月，京东物流城市级智能配送项目在江苏常熟正式落地运营
智行者	2018 年	浙江、北京	智行者开发的 L3 级别无人驾驶车辆在高速路和国道进行了规模化测试，累计测试里程超过 30 万 km；2020 年 2 月，无人配送车"蜗必达"为温州乐清市人民医院提供送餐服务；2018 年 4 月 29 日，无人配送车"清图小智"在圆满完成清华大学图书馆际运送图书任务
新石器慧通	2020 年	北京	百度 Apollo 携手新石器慧通在海淀医院投放无人车，负责海淀医院隔离点的无接触送餐工作
苏宁	2019 年	江苏	2019 年 8 月，苏宁物流对外公开 5G 无人配送车的路测实况，这也是 5G 技术在物流配送环节的全国首次成功落地
东风	2020 年	北京	与无人配送企业白犀牛和京东合作，在北京中关村环保园智慧停车场内打造无人物流配送站，实现货物分拣、快递配送、无人配送车停靠充电等一系列环节的自动化、智能化运行
行深智能	2020 年	湖南、江苏、湖北	2020 年年初，无人配送车在长沙经济开发区内企业园区、苏州高铁新城、湖北仙桃等地提供"无接触"送餐服务

（2）国外现状

在商业化方面，无人配送正在各行各业得到应用。Nuro 成立于 2016 年，商业模式主要是与大品牌零售商达成合作，为其提供无人驾驶配送服务并收取配送费。目前，Nuro 已经推出 R1、R2 两款产品，最新的 R2 产品具备 2 个载货舱，载重可达 190kg，在硅谷、凤凰城、休斯敦等地开展业务，合作伙伴包括沃尔玛、克罗格等知名零售集团，以及达美乐比萨、Chipotle 餐厅及连锁药店 CVS

Pharmacy。此外，美国政府支持给予 Nuro 宽松的发展空间。Nuro 于 2020 年获得美国国家公路交通安全管理局的允许，在未来两年内部署至多 5000 辆无人配送车。目前，Starship 无人车是以租赁的形式与各个合作商合作。Starship 的配送范围不大，在测试/运营的城市中都设立了自己的配送服务站，每个服务站有相应的服务范围，每辆 Starship 无人车只能在设定范围内进行配送服务。末端配送国外代表企业收费情况详见表 2-12。

表 2-12 末端配送国外代表企业收费情况

企业名称	产品名称	国家	价格
Starship	Sidewalk Delivery Robots	美国	1.99 美元/次
FedEx DEKA Development & Research Corp	Roxo FedEx SameDay Bot	美国	内部使用
Marble	Marble Robot	美国	按时间收费
Kiwibot	Kiwibot	美国	3.80 美元/次 14.99 美元/月
HelloWorld Robotics	HelloWorld Robot	马来西亚	按时间收费
Tiny Mile	Geoffrey	加拿大	最低 2.99 美元
Eliport	Eliport	西班牙	—
Daxbot	Daxbot	美国	—
OTSAW Digital	Camello	新加坡	—
Amazon	Amazon Scout	美国	内部使用
Nuro	Nuro R2	美国	5.59 美元/次

2. 无人厂区物流应用现状

随着"工业 4.0"热潮席卷全国，一时间"人工智能""机器换人""去人化"都成为中国企业给予"工业 4.0"的标签。"智慧物流"作为"工业 4.0"的主题之一，其中的无人仓库、无人车以及仓储机器人等无人业态及技术纷纷登上物流仓储舞台。在无人厂区物流场景中，上汽通用五菱、毫末智行、行深智能及驭势科技等企业的无人物流车已经在多个厂区场景完成试点应用。

上汽通用五菱打造的宝骏 E200 低速无人物流车，在特定线路下能实现 L4 级无人驾驶，目前合计运行里程超 12 万 km。毫末智行与深圳市坪山区于 2021 年 1

月 15 日共建无人物流车全国标杆示范区。行深智能厂区无人物流车奔霄 4000G 于 2019 年 9 月亮相世界机器人大会。行深智能为富士康提供无人"智慧物流"整体运转方案，升级重构厂区物料配送基础网络，先后投放了超影和奔霄等车型进行作业运营，高效完成各个车间之间、车间与厂区集散仓库之间的自动化转运，实现了物流管理和数据可视化。

驭势科技无人物流车于 2019 年 12 月在香港机场正式开启常态化运营。驭势科技与长安民生物流（CMAL）在 2020 年 8 月共同探索无人驾驶在厂区物流的应用，目前已在 CMAL 物流基地内完成运营测试。此外，驭势科技无人物流车分别于 2020 年 9 月和 11 月在长沙黄花国际机场和一汽物流大连公司试运行。无人物流车示例如图 2-10 所示。

a）上汽通用五菱无人物流车

b）毫末智行无人物流车

c）行深智能无人物流车

d）驭势科技无人物流车

图 2-10　无人物流车

3. 无人零售应用现状

自 2019 年起，由于人工智能（AI）和图像识别兴起，零售行业开始掀起"无人超市"的风潮。所谓"移动新零售"就是将无人车变成一个移动商场，装载着早餐、饮料、烟酒等各类生活服务商品，然后让其在特定时间出现在特定区域进行销售的模式。这种模式追逐人流量热点并提高人货匹配效率，以达成每天数百次的高频交付。移动新零售颠覆了传统线下门店和电商模式的"人找货"现状，实现了新模式下的"货找人"，将成为未来智慧城市的标配。

新石器慧通、中汽中心、行深智能以及深兰科技等多家企业已经开始了无人零售车的研发，并已在全国多个省市开始示范运营。目前，新石器无人车已在上海、厦门、北京等多个城市开展移动新零售的测试运营。行深智能的无人零售车于 2020 年在武汉龙灵山、武汉野生动物园、南昌华侨城等地投放开展移动式售卖运营。中汽中心数据资源中心的智能消毒售卖车"小智"于 2020 年 2 月 17 日在天津新城市中心商务园区承担起了园区自主喷洒消毒液和免费无接触发送消毒液的工作。无人零售车示例如图 2 - 11 所示。

a）新石器无人零售车　　　　　　b）行深智能无人零售车

图 2 - 11　无人零售车

2.2.10　环卫清扫示范应用现状

目前，我国环卫行业需求主要来源于两方面：一方面是城市化进程加速，另一方面是机械化和智能化成为发展趋势。在城市化进程方面，近年来经济快速发展以及对基础设施建设的大力投入使得我国城镇化率稳步提升，同时城市环境卫生的需求也不断增大。

自动驾驶在不同环卫场景的落地具有不同的应用方案，目前主要分为三大类场景，且不同场景均有与其相对应的应用方案（图 2 - 12）。

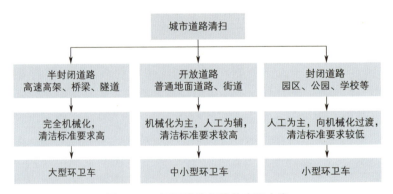

图 2 - 12　不同道路场景的应用方案

高速高架、桥梁、隧道场景：人工清扫模式安全性较难保障且目前基本实现完全机械化。采用大型自动驾驶环卫车属于半封闭作业模式，高速公路上做清洁任务的要求比较高。

普通地面道路、街道场景：相比高速高架路面垃圾清运量更大，其作业以机械化为主，其余部分靠人工。除此之外，车速相对封闭园区更高，同时与其他社会车辆混行，因此其交叉路口场景更复杂；非机动车道存在较多不确定的临时障碍物，比如共享单车或行人。作业时间一般为夜晚或凌晨，受高温、雾霾和严寒等环境因素的影响较大，同样存在安全性和劳动成本的问题，因此可采用中小型自动驾驶环卫车的方案。

园区、公园、学校等封闭场景：道路具有宽度相对较窄、速度低以及人车混行等特点，因此大多是人工作业，向机械化过渡，对清洁要求相对较低。主要垃圾为白色垃圾、落叶、尘土，不同的场地根据客户需求有所不同，因此采用小型自动驾驶环卫车的方案。

1. 环卫清扫国外应用现状

近年来，瑞典、德国、加拿大以及意大利等国家的相关企业先后开展自动驾驶环卫车示范应用，同时，各国的车企、自动驾驶公司以及环卫公司等积极布局自动驾驶环卫车产品。沃尔沃集团携手瑞典废弃物再利用专业企业瑞诺瓦公司（Renova）共同测试一辆自动驾驶并可在城市环境中作业的垃圾清运车。南洋理工大学、研发无人清扫技术的德国公司 Enway、威立雅环境公司和黄芳工程公司组成团队在新加坡试点示范自动驾驶环卫清扫。Enway 的 Blitz One 小型无人清扫车主要应用于仓库、停车场、大型生产车间，而 Donner 中型清扫车 2020 年已获得新加坡路测牌照。法国的 FYBOTS 公司于 2018 年在法国和德国使用其 Sweep L/XL 等多款无人扫地车，配备自动充电和垃圾倾倒站。意大利的 TSM 公司采用其 TSM Ariamatic240 自动跟随垃圾吸尘车，主要在意大利、德国开展商业应用，在我国的郑州、北京和深圳也有使用。国外垃圾清扫车如图 2 - 13 所示。

a）Enway 垃圾清扫车 Blitz One　　b）Enway 无人清扫车 Donner

图 2 - 13　国外垃圾清扫车

2．环卫清扫国内应用现状

目前，国内自动驾驶在市政环卫领域的发展得到了政策支持。国家发展和改革委员会、国家互联网信息办公室（以下简称网信办）等 11 个部门在 2020 年 2 月联合印发《智能汽车创新发展战略》，提出到 2025 年"实现高度自动驾驶的智能汽车在特定环境下市场化应用"的规划愿景。

我国企业从 2018 年开始相继发布自动驾驶环卫产品，并在多地开展自动驾驶环卫示范。北京智行者科技在 2018 年率先实现了 L4 级无人扫地车蜗小白 S100N 的规模化量产，目前国内国外累积销售数百辆且运营场地超千个。

深兰科技开发出面向户外清扫的不同型号的自动驾驶清扫车辆和大型机器人机车产品，北控环境集团在深圳宝安项目中引入了深兰"熊猫扫路王"等先进智能环卫装备，运行服务在深圳市宝安区新桥和沙井两个街道，主要服务内容是常规环卫工作和服务业务，具体包括道路综合清扫保洁、智慧环卫平台建设运营维护等方面。

国内无人环卫车如图 2-14 所示，环卫清扫国内代表企业示范应用详见表 2-13。

a）智行者蜗小白 S100N

b）深兰科技"熊猫扫路王"

c）酷哇无人扫地车

d）希迪智驾 CIDI

e）仙途无人清扫车

f）高仙 Ecobot 111

g）上汽无人环卫车

h）"女娲"无人扫地车

i）汉特云"笨小卫"

图 2-14　国内无人环卫车

表 2 – 13 环卫清扫国内代表企业示范应用

企业名称	地区	时间	示范地点	应用规模及示范效果
北京智行者	北京	2018 年	德国、瑞典、挪威、沙特、以色列，北京、上海、重庆、广东、四川	智行者小型无人驾驶清扫车蜗小白S100N，规模量产并已销售数百辆。主要应用场景为公园、景区、工业园区等封闭场景。寒冷高海拔的西藏、酷热的沙特、沿海的澳门等上千个应用场景落地
上汽集团	上海	2019 年	上海	上汽无人环卫货车 EC500i 开放道路路测牌照，在夜间封闭道路后进行测试
酷哇	安徽	2019 年	长沙	长沙橘子洲公园发布了无人驾驶扫地车，并展示了道路清扫的实测效果
仙途智能	上海	2018 年	德国、北京、上海、雄安新区	具备数十辆无人环卫车车队，中小型车辆在德国、北京、上海多地展开应用；大型环卫货车于 2019 年在上海拿到测试牌照，在夜间道路封闭后进行路测
上海高仙	上海	2019 年	河南、北京	ECOBOT 111 小规模批量生产，目前应用案例不多；Ecodrive Sweeper G2 中小型无人扫地车，目前以测试为主
深兰科技	上海	2019 年	常州、成都、天津、郑州、深圳	开发了环卫车系列产品，目前拥有室外自动驾驶环卫车"熊猫扫路王"，中型扫地车"大犀牛""小犀牛""小旋风"等
希迪智驾	湖南	2020 年	长沙、株洲、重庆、南京、烟台、东莞、贵阳	CIDI – 自动驾驶清扫机，2t 级，配备了远程驾驶系统的清扫机还可以在 5G 场景下进行远程接管与清扫作业。使用客户包括市政环卫运营企业、园区物业运营企业等
福建汉特云	福建	2020 年	福州、莆田	2020 年，"笨小卫"自动驾驶清扫消杀机器人主要面向社区、园区、学校等封闭作业场景，已在福建省内多个地市园区和院校展开了试投放运营
深圳女娲	深圳	2018 年	深圳	发布了大扫和小扫两款清扫机器人，深圳市南山区城市管理局进行了演示

（续）

企业名称	地区	时间	示范地点	应用规模及示范效果
江苏天策	江苏	2019 年	常州、成都	2020 年，天策"大白"机器人在常州创新产业园、青枫公园测试运营
博鹏智能	深圳	2019 年	深圳	博鹏清扫机器人在深圳中心公园进行示范运营

2.2.11　巡逻侦察示范应用现状

全球人口增长及人员高度流动的现状，对社会治安管理提出越来越高的要求。公安司法管理和安保物业工作中引入无人巡逻侦察车，可实现自动化巡检监控，提高巡逻侦察效率，同时降低人力消耗。无人巡逻侦察车拥有集环境感知、路线规划、动态决策、行为控制以及报警装置于一体的多功能综合系统，可实现复杂环境建模与分析、执行各种恶劣环境下的巡检动态分析、特殊情景识别、远程身份确认、危险情况追踪和实时监控报警等功能。近年来，无人巡逻侦察车的性能不断提高，成本逐步降低，关键技术持续完善，形态和功能创新优化，未来或将在更多潜在应用场景发挥重要作用。

1. 巡逻侦察国外应用现状

在全球范围内，美国、英国、阿拉伯联合酋长国（迪拜）、新加坡、意大利、以色列等多个国家均已开展无人巡逻侦察车的研发制造。新加坡 Otsaw Digital 公司研发的 O-R3 无人巡逻侦察车配备了深度学习算法，不仅能动态躲避障碍物，还能识别无人看管背包等异常物体。该系统同时具备面部识别和车牌识别系统，能用于识别人、物和车辆。迪拜警察局此前曾表示打算用此机器人取代 25% 的警察部队，并预计在 2030 年之前建立一个完全机器人化的无人警察局。

以色列军方为福特 F-350 皮卡配备专门的遥控驾驶技术。这些搭载全自动驾驶系统的车辆称为"边境保护无人地面车辆"（UGVs），用于帮助军队识别威胁。英国紧急服务部门采纳福特汽车提供的自动驾驶巡逻警车的详细生产计划，该车型可以记录并追捕危险驾车人，向违反交通法的驾车人开出罚单，从而提高应对交通违规的能力。

美国 SMP Robotics 公司生产的无人巡逻车能检测到火灾或奇怪响声等不正常活动并发出警告。加拿大埃德蒙顿国际机场（EIA）投入了配备 GPS 和摄像头的非武装气动 ATV 安保车队，用于监测是否有人或动物入侵机场边界，同时可监测到围栏上的缺口并提醒维护部门及时修复。

国外无人巡逻车如图 2－15 所示。

a）O-R3 无人巡逻车　　　　　b）福特无人巡逻车　　　　　c）SMP 无人巡逻车

图 2－15　国外无人巡逻车

2. 巡逻侦察国内应用现状

在国内，北京理工大学、中国汽车工程研究院股份有限公司、中国汽车技术研究中心有限公司以及中汽中心所属中汽数据有限公司等高校及科研机构，东风悦享科技股份有限公司、新石器慧通（北京）科技有限公司、北京智行者科技有限公司、北京艾上智能科技有限公司、仓擎智能科技（上海）有限公司、长沙万为机器人有限公司、北京翠湖智能网联科技发展有限公司等车辆制造及园区运营企业，从多方切入无人巡逻侦察车的研究、制造和运营，共同构建无人巡逻侦察车的全生命周期。无人巡逻车的实际应用场景可分为公安司法类无人巡逻侦察场景和安保物业类无人巡逻侦察场景。

（1）公安司法类无人巡逻侦察场景

目前，国内的公安司法类无人巡逻侦察车主要应用于军事侦察、公安司法机关巡逻执法、社区民警执勤巡逻和大型活动警用巡逻等场景。公安司法类无人巡逻侦察车的功能经过不断迭代，从自动驾驶巡逻、视频监控报警、人脸识别比对、警务宣传播报等基础功能，逐渐向更加精细化和场景化发展，其拓展能力包括探测人体心肺运动及生命体征信号和搜寻藏匿人员。巡逻侦察车与无人机、无人船等其他智能设备设施联合作业，实现海陆空一体的立体防控，同时与人工智能、物联网、云计算、大数据、边缘计算等新信息技术紧密融合建设数字安防体系。无人巡逻侦察车应用于公安司法活动，将加大区域智能管控力度并增强信息采集能力，在一定程度上缓解人力执勤巡逻压力，提升重点区域的安保维稳盯防水平，是构建新型作战模式、现代警务体制的趋势。

自 2019 年以来，东风汽车、艾上、新石器慧通、万为机器人等多家主机厂及高新技术企业，将注意力集中到无人巡逻侦察车的自主研发生产上，所研究的成果先后在全国多地的大型活动及公安司法部门落地运营。艾上于 2019 年携国内首个落地公安场景的 AIMO 无人巡逻警车亮相中国国际智能产业博览会。同年 10 月 18 日，第七届世界军人运动会在武汉开幕，AIMO 无人巡逻警车在军运会期间率先在武汉各个要地实现规模投放运营。随后，AIMO 无人巡逻警车服役于武汉体育中心、汉口火车站、丽江古城、重庆华熙文体中心、菏泽火车站等多个大型场馆及交通枢纽。东风汽车于 2020 年携自主研发的 Sharing-Smart 无人巡逻车亮相第三届浙江国际智慧交通产业博览会，Sharing-Smart 无人巡逻车曾服役于武汉市公安局轨道分局，用于日常轨道巡逻工作。

新石器慧通自主研发 5G 多功能智慧警务巡防车，与多地公安司法部门合作，高效协助警务巡防。新石器慧通和宝安移动、宝安视频大队、宝安翻身派出所合作，率先在深圳市启用无人警务巡防车，同时与华为及南山分局、南山沙河派出所合作，在深圳湾公园全长 23km 的海岸线上执行无人警务巡航任务。与北京市东城区公安局合作，支持建国 70 周年阅兵式的前期安保巡逻任务。与厦门市同安区公安局合作，落地潘涂边防派出所，实现全天 8h 无间断执行智慧安防任务。万为机器人自主研发的 APV-2、APV-S 系列无人安防巡逻车、ANBOT 系列无人安保服务车，先后服役于贵州三江戒毒所、长沙市公安局、湖南强戒所、上海市公安局、深圳市公安局公交分局以及公安部一所等公安司法部门。

国内无人巡逻车如图 2-16 所示，公安司法类无人巡逻侦察车国内代表企业示范应用详见表 2-14。

a）AIMO 无人巡逻警车

b）澎思无人巡逻警车

c）东风无人巡逻警车

d）万为无人巡逻警车

e）新石器慧通无人巡逻警车

图 2-16　国内无人巡逻车

表 2 - 14　公安司法类无人巡逻侦察车国内代表企业示范应用

企业名称	地区	时间	示范地点	应用规模及示范效果
艾上智能	北京	2019 年	武汉、云南、重庆、山东	2019 年，服役于第七届世界军人运动会、中国国际智能产业博览会、武汉体育中心、汉口火车站、丽江古城、重庆华熙文体中心、菏泽火车站等多个大型活动、场馆及交通枢纽
澎思	北京	2019 年	深圳	2019 年深圳中国国际社会公共安全博览会（以下简称安博会）上，AI 新势力澎思科技带来了一款面向安防场景的 AI 创新型产品——无人巡逻警车
东风	武汉	2020 年	浙江	2020 年，东风汽车集团携自主研发的 Sharing-Smart 无人巡逻车亮相第三届浙江国际智慧交通产业博览会，Sharing-Smart 无人巡逻车曾服役于武汉市公安局轨道分局，用于日常轨道巡逻工作
长沙万为	湖南	2021 年	贵州、湖南、上海、深圳、北京	万为机器人自主研发的 APV-2、APV-S 系列无人安防巡逻车、ANBOT 系列无人安保服务车，先后服役于贵州三江戒毒所、长沙市公安局、湖南强戒所、上海市公安局、深圳市公安局公交分局、公安部一所等公安司法部门
新石器慧通	北京	2019 年	深圳、福建、北京	2019 年以来，在深圳多地执行无人警务巡航；支持建国 70 周年阅兵式的前期安保巡逻任务；落地厦门市同安区公安局潘涂边防派出所，执行全天 8h 无间断智慧安防任务

（2）安保物业类无人巡逻侦察场景

目前国内安保物业类无人巡逻侦察车主要应用于火车站、机场、公园、校园、产业园区、大型活动现场等大人流场所。无人巡逻侦察车针对以上场景能够自主执行巡视任务，辅助安保人员进行全天候的安保巡逻工作，保障区域安全。无人巡逻车能够以单车独立或多车协同的方式工作，并将巡视情况实时通报相关人员；可与固定摄像头协同工作，有效弥补监控盲区，全方位保卫区域安全。

智行者、新石器慧通、万为机器人等高新技术企业近两年所研发制造的无人巡逻侦察车已经在多个安保物业场景完成试点应用，并逐渐进入常态化运营。智行者针对不同安保应用场景完成三类无人巡逻车车型研发，分别为低速无人巡逻车、中高速园区无人巡逻车和中高速越野环境无人巡逻侦察车，于2021年开始逐步进入试点运营状态。低速无人巡逻车，主要运行在封闭或半封闭的园区道路，用于辅助巡逻人员进行日常巡逻工作；中高速园区无人巡逻车，一般应用在城市园区半封闭的道路，具备结构化道路的通行能力，能够辅助巡逻人员进行较大范围的巡逻作业，与低速无人巡逻车的主要区别在于应用场景和范围更大且速度更高；中高速越野环境无人巡逻侦察车，一般用于野外环境下的巡逻侦察，典型应用场景为营区周边警戒、边防巡逻等。

新石器慧通自主研发的5G多功能智慧警务巡防车作为指定无人巡逻车，曾服务于2020年11月23—24日召开的世界互联网大会互联网发展论坛。该车型配置可升降云台和4个360°鱼眼摄像头，接入5G网络，实现安全指挥和实时响应，单车可进行100km无人巡航；同时，货厢内配备各类防暴、消防和急救装备，远程对讲功能也可运用于反诈、防疫及其他安全防范宣传，在降低人工警力配置的同时，实现高效一站式警务服务。万为机器人APV-2系列无人安防巡逻车在湖南IFS国金中心、深圳腾讯滨海大厦、深圳新松公园、成都九龙仓等地实现常态化运营。APV-S系列无人安防巡逻车在成都眉山天府新区市民服务中心、南京江心洲、上海健康医学院、长沙"三馆一厅"、中石油阳光物业等场景实现常态化运营；ANBOT系列无人安保服务车在北京工业职业技术学院、广州白云机场、长沙市博物馆、长沙橘子洲毛泽东青年文化艺术中心、海南美兰机场常态化运营。

2.2.12 无缝化服务示范应用现状

目前，基于国家政策支持、行业顶层设计、产业链上下协同，各智慧场景已有初步应用，国内外企业研制生产的无人接驳车、无人清扫车、无人售卖车、无人物流车、无人巡逻车等功能型无人车均已在各地开展不同程度的示范运营，单体智能已经在特定区域内形成，并取得了一定的效果。

各功能型无人车承载了人类交通、生产、生活中的各项任务，极大拓宽了车辆的边界，它们的集合渗透到了人类社会的方方面面。通过无人接驳车、无人清扫车、无人售卖车、无人物流车、无人巡逻车等单体智能的集合，形成了具备群体智能的社群，为人类社会带来无缝化移动服务（图2-17），可简要表述为单体A+单体B+单体C+…+单体N＝社群。

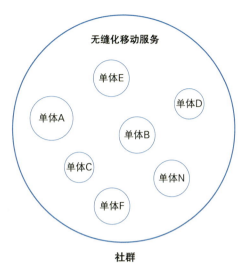

图 2 - 17　由单体组成社群

无缝化移动服务研究的是智慧园区、智慧景区、智慧交通、智慧物流、智慧作业 5 大智慧单元的联动性。通过无缝化移动服务的建设，可以实现智慧资源的按需供应，实现智慧资源间的自由流淌，让人类可以同虚拟世界进行交互，从而更好地实现操作和控制，可以替代人类的体力劳动，从而驱动人类更好地发挥自身智慧，让资源得以优化，让人类社会通过无缝化移动服务发展进步。

1. 无缝化移动服务的架构体系

无缝化移动服务的核心内涵，是打造以高品质生活为主轴的智慧社区。功能型无人车作为无缝化移动服务建设的主要载体，承载了人类交通、生产、生活中的各项任务，极大拓宽了车辆的边界，是无缝化移动服务的重要组成部分。"智享之城"（Sharing-City）集车联网、物联网、大数据、AI 应用为一体，以无人驾驶汽车为载体，建立汽车与人、与其他车、与道路、与城市、与环境之间的深度连接，为城市实现智慧运行和智慧管理提供支撑和服务，促进城市和谐、可持续进化，让人的需求得到最大限度的尊重和满足。

端 - 管 - 云 - 平台四层构建中，具体而言，端是指自动驾驶，包含了无人接驳车、无人清扫车、无人售卖车、无人物流车、无人巡逻车等功能型无人车，是实现无缝化移动服务的具体载体；管是指 5G + V2X，包含了 5G 通信设备、RSU、边缘计算、路侧雷达、路侧摄像头、智能交通信号灯等；云是指调度监控系统，包含运营智能管理、车型智能场景、智能运营中心等；平台是指众创开发平台。

一体化、平台化、统一化全域实时数据处理，人们在数字化构建的温暖地带相遇，每一个参与者都可即时、动态地掌握关联信息，开放、共享、安全、流动，拓展时间和空间的维度。

2. 无缝化服务示范应用现状

目前，东风悦享科技提出无缝化移动服务的核心内涵是打造以高品质生活为主轴的智慧社区。即，以人为本，从产品研发初期就按照出行服务需求进行设计，将新商业模式融入设计理念，通过智慧城市、智能交通与智能汽车深度融合发展战略，实现高效的城镇智能交通系统。通过点—线—面构建无缝化移动服务，实现产品突破、生态圈构建以及打造万物互联、智向未来的"智享之城"新服务生态。目前，无缝化移动服务按照需求可细分为智慧城市、智慧园区、智慧景区、智慧交通、智慧物流以及智慧作业6大智慧单元，各智慧单元运营情况如下。

（1）智慧园区

2020年9月，东风悦享科技在东风技术中心园区内打造的Sharing-City正式开城，同时5G车路协同网联自动驾驶开启全新场景模式。"智能汽车+5G+智慧小镇生态圈"，Sharing-City高度集成无人化社区服务全场景。社区配备5G远程驾驶平台、艺术展示中心、无人咖啡厅、无人超市、休息与图书室，实现了无人驾驶技术落地社区、半开放园区、公共空间等，如图2-18所示。Sharing-City实现全流程自助用车、清洁巡逻、图书借阅、医疗服务等功能。自开城以来，无人咖啡、无人超市、无人图书馆及自助化服务等功能持续为园区内人员提供服务，同时实现园区无人移动清扫、无人安巡、微公交等服务。

图2-18 东风悦享科技Sharing-City智慧园区示意图

（2）智慧景区

西安大唐芙蓉园景区于 2020 年 11 月斩获"中国旅游业年度智慧景区创新奖"。东风汽车集团无人观光车在大唐芙蓉园景区部署和调试，为景区游客提供无人驾驶观光接驳服务。景区配套售卖、消杀、巡逻、清扫等园区服务车以及无人机，结合无人超市、智慧便利店、智慧信息亭等产品，"智慧 +"的引入极大节省了运营成本，提升了游客的服务体验，如图 2 - 19 所示。

　　a）无人观光车　　　　　　　　　b）无人防疫消杀巡逻车

　　c）"唐 +"智慧便利店　　　　　　　d）智慧信息亭

图 2 - 19　智慧景区示范

东风与山东易华于 2020 年 10 月签订了第一份 Sharing-VAN 采购合同，并推出了 Sharing-VAN 智能小镇的概念，借此积极探索未来全新商业模式、智能交通、智慧城市。首批共 6 辆 Sharing-VAN 将驶向位于山东青岛的国家海洋实验室，在智能园区进行载人摆渡和运送物品等工作。未来 70 多辆 Sharing-VAN 自动驾驶汽车将陆续交付北京、浙江、广东和湖南等地的客户。

5G 平行驾驶调度指控中心在 2019 年成功实现对武汉、广州、十堰等地的数千千米的远程 5G 云控，实现 5G + 汽车的示范运行，相继通过襄阳及长沙《智能网联汽车自动驾驶功能测试规程》测试。Sharing-VAN 无人驾驶消杀车驶上武汉抗击新冠肺炎疫情一线。2020 年 6 月，东风 Sharing-VAN 1.0 plus 正式量产下线，成为国内首款完全自主研发的 L4 级 5G 自动驾驶汽车。

（3）智慧交通

现有的地铁、轻轨、单轨、空轨、磁悬浮、有轨电车、BRT等传统城市公共交通，优势在于运量大、准时、安全、可靠，然而在应用上也都存在一些局限性，例如：地铁造价昂贵、耗时较长，对部分灾害抵御能力弱，运营成本高；有轨电车造价高昂、速度较慢、载客少、灵活性不够；公交车运量小，由于实时交通状况容易拥堵，受制约条件较多。传统城市公共交通普遍存在乘客需等待车次、站内和站外步行时间较长、环境复杂等原因造成的体验感差的问题。

东风悦享科技的S-PRT技术可实现公共道路、公共设施无缝化对接，将通行道路设置在人行道上空或中央隔离带上空，能够实现无人化的车型直接进入楼宇，乘客足不出户就可以提前预约乘坐无人驾驶车辆至目的地，如图2-20所示。S-PRT的运用可提升出行效率并优化乘坐体验，通过"网约"模式实现个人出行定制化服务，缩短乘客候车、转乘等时间；建设立体交通，路权专用，车辆避开拥堵和交通信号灯；实现多车编队行驶，满足瞬时大运力需求；设置门到门、车辆一站直达，乘客不需要中间换乘和停车；实现城市交通按需配送、按需供给的功能。截至2021年底，S-PRT项目作为新的交通模式，已在武汉、长沙等地开始规划，打造无人服务全场景。

图2-20　东风悦享科技S-PRT智慧交通

（4）智慧作业

智慧作业主要覆盖园区接驳、清洁环卫、安防巡逻等应用场景。东风悦享科技Sharing-VAN系列产品，搭载L4级自动驾驶和5G平行驾驶两套行驶方案，曾参与北京房山区的清洁环卫服务、服役公安安防巡逻和支援武汉新冠肺炎疫情隔离点消杀服务等，如图2-21所示。

a）园区接驳服务

b）清洁环卫服务

c）公安安防巡逻服务

d）武汉新冠肺炎疫情支援隔离点消杀服务

图 2-21　典型智慧作业车辆

（5）智慧物流

智慧物流主要覆盖无人配送、无人厂区物流和无人零售等应用场景。由北京理工大学、阿里巴巴、京东、东风、行深智能等高校和企业研发的无人快递配送车已在多个城市开始示范运营探索。在无人厂区物流场景，上汽通用五菱、驭势科技、行深智能、毫末智行等企业的无人物流车已经在多个厂区场景完成试点应用。东风悦享科技、新石器慧通、中汽中心、深兰科技、行深智能等企业已经开始无人零售车的研发，并已经开始在全国多个省市开始示范运营。

2.2.13　示范应用相关数据现状

数据的积累与使用贯穿了信息技术（IT）发展的各个阶段，在最初的"大型机"时代（1960—1970 年），人们通过机房中庞大的计算设备来集中式存储大量数据并从中挖掘宝贵的商业信息，我们称之为"IT 1.0"时代；随着台式计算机、便携式计算机（俗称笔记本电脑）等个人信息终端的蓬勃发展（1980—2000 年），海量的个人数据从数以亿计的个人终端中诞生，并以分布式的方式进行存储与计算，我们称之为"IT 2.0"时代；随着移动信息终端及云计算的出现

(2005—2020 年)，数以万亿计的、尺寸小巧的移动信息设备无时无刻不在生成巨量的数据，并以集中式的方式存储于公有云厂商的超大规模数据中心，我们称之为"IT 3.0"时代；而如今（2020 年之后），我们的数据量则呈现井喷式增长，据国际数据公司（IDC）预测，全球的数据量将从 2020 年的 40ZB 以指数级增长至 175ZB，这得益于人工智能技术大规模的落地应用、5G 通信协议的成熟及大量的智能机器终端之间的通信，这也意味着"IT 4.0"时代正式拉开序幕，其中最具代表性的是自动驾驶的蓬勃发展与快速落地。

为实现互联互通和自动驾驶，需配备车载高级驾驶辅助系统（ADAS），甚至高级别自动驾驶系统（L4 ~ L5 级），以便从驾驶人手中彻底接管汽车。自动驾驶作为人工智能在汽车领域的落地场景，需要使用大量的路测场景数据来指导训练人工智能系统、开发新的业务模型及开展其他各项工作。据 Counterpoint Research 估计，未来十年单车存储容量将达到 2 ~ 11TB，以满足不同自动驾驶等级的车载存储需求，但这无疑是一项巨大的挑战。

当前，无论数据累积量还是潜在数据传输成本，均与早期汽车业截然不同，自动驾驶汽车将侧重：①本地收集、数据处理和数据存储；②适时选择性迁移/上传数据；③边缘计算数据中心进行数据存储与机器学习；④核心数据中心进行数据冷备。希捷科技于 2020 年 9 月发布国际数据公司调研完成的《数据新视界：从边缘到云，激活更多业务数据》报告，该报告称，企业目前定期将大约 36% 的数据从边缘传输到核心，两年后这一比例将增至 57%，从边缘立即传输到核心的数据量将翻倍，从 8% 增长到 16%。

1. 本地收集、数据处理和数据存储

在自动驾驶训练阶段，算法的训练离不开大量原始数据的"喂养"，从而使得"自动驾驶车脑"变得越来越智能、经验越来越丰富，碰到复杂的路况知道如何应对，仿佛经验丰富的"老司机"。想要达到这一点，自动驾驶研发团队需要每天行驶自动驾驶训练车至少 8h，同时通过车载传感器（高清 4K 摄像头、激光雷达、毫米波雷达等）采集大量的道路测试环境数据，并储存在车内的存储器中。

根据 CounterPoint Research 的测算，L4 级别的高度自动驾驶汽车要想上路，以 Robotaxi 为例，每辆车至少需要安装 22 个传感器，包括 7 个超声波雷达、2 个长距毫米波雷达、4 个短距毫米波雷达、2 个前置摄像头、4 个全方位视野摄像头、1 个车内摄像头和 2 个激光雷达，不同的传感器每小时采集的数据量见表 2 - 15。

表 2-15　不同传感器采集的数据量

传感器类型	关键应用	每辆车生成的数据量/（GB/h）	注释
毫米波雷达（短距）	BSD、FCW	0.03～0.4	+ 在恶劣环境（雨/雪）下表现抢眼 - 人物检测和角度分辨率存在问题
毫米波雷达（长距）	ACC、FCW		
前置摄像头	LDW、FCW、TSR	70～300	- 深度感知有限 - 性能受环境（雨/雾）影响 - 需要适度照明
全方位视野摄像头	盲点监控、360°视频、APS		
激光雷达	环境地图、BSD、FCW	36～252	+ 精确度和准确度高于其他传感器 - 在恶劣环境（雨/雪）下存在性能问题 - 价格高于其他传感器

研究级别：L3～L5 级自动驾驶。根据 CountPoint Research 的白皮书《未来 10 年无人驾驶汽车的存储容量要求将突破 2TB》，每辆 L4 级别的自动驾驶训练车每天至少采集并存储 4TB 的数据，甚至可能高达 15TB。而在自动驾驶训练阶段，出于成本和便捷性考虑，各公司的研发团队几乎都使用具备直流输入且兼具抗震和宽温设计的工业级 GPU 计算平台，作为目前的车载计算与存储设备，放置于训练车的行李舱等便于安装和放置的区域，进行传感器数据的采集、预处理以及存储。

2. 数据上传与迁移

当自动驾驶训练车完成数据的采集工作，开回车库后，如何将数据安全、高效、低成本地从车内迁移到边缘数据中心，甚至从边缘数据中心迁移到核心数据中心，是整个自动驾驶行业迫切需要考虑的问题。

当前，整个业界没有适合于私有设备之间数据迁移的解决方案，而类似于阿里云的闪电立方以及 AWS 的 SnowBall 这样的解决方案也只能供相对应的公有云客户使用。各家厂商只能在数据采集工作结束后，将固态硬盘从车内一块一块地拔出来，积累起来。当积累到一定数量之后，通过快递或员工自行搬运的方式，将写满数据的固态硬盘从道路测试场地运送到数据中心所在地。最后将固态硬盘一块一块地插入数据中心服务器/外置存储中，将数据复制到服务器/外置存储中，进行后续的数据处理、算法训练及优化。

私有数据中心之间的数据迁移，例如边缘数据中心到核心数据中心的数据迁移，对于小文件往往通过网络传输；对于容量比较大的数据，例如视频数据、图像数据，目前业界普遍采用大量的硬盘迁移方式，即将存满数据的硬盘从 A 地的服务器中拔下来，通过快递或员工自行搬运的方式运送到 B 地的数据中心，再将硬盘依次插入 B 地的服务器，实现大容量数据的迁移。或采用磁盘阵列/桌面 NAS 的方式，即通过将整个磁盘阵列/桌面 NAS 通过快递的方式运送到 B 地，直接插入机架，实现大容量数据的异地迁移。

3. 边缘侧数据处理与核心侧数据存储

从整个企业的 IT 架构来看，边缘数据中心是相对核心数据中心而言的。从地理位置上，边缘数据中心更加贴近自动驾驶训练现场；从尺寸规模上，边缘数据中心偏小，其容量往往集中在 1～2PB；从算力上，边缘数据中心承担的任务往往在于数据的快速处理与机器学习，因此对于算力和大数据处理框架具有较高要求。目前，业界普遍使用高配置的英伟达 GPU 加速卡及开源框架。

原始的路测数据从车端迁移至边缘数据中心，在边缘数据中心要进行：①删除脏数据；②数据去重复；③数据标记；④算法训练。目前，绝大多数自动驾驶研发团队没有搭建边缘侧的数据中心，更多情况下是相对简单地将数据的存储与数据的训练集中式地放在核心数据中心甚至公有云中。

2.3　智能网联汽车创新应用面临的主要问题

经过近几年的快速发展，我国智能网联汽车产业取得了较大进步，在政策法规、基础设施建设、核心零部件与系统集成、信息交互、高精地图、测试区建设、人工智能核心技术等方面均有一定突破，特别是在高级别智能网联汽车示范应用上，已经走在世界前列。多部门相继发布了相关政策，强调智能网联汽车产业的试点应用、示范应用、先导应用、市场化应用。深圳、北京等地相继开展智能网联汽车政策立法创新。北京、上海、无锡、苏州等多个城市积极组织智能网联汽车示范应用活动。

与此同时，仍需清醒地认识到，不同场景下的智能网联汽车应用仍然存在诸多挑战，既有不同国家或地区所面临的共性应用难题，也有我国特有的普及障碍，集中表现在以下几方面。

2.3.1　政策法规方面的主要挑战

全球已有 17 个国家通过修改现行法律法规或制定出台专门规范智能网联汽车的法律法规，为智能网联汽车创新发展扫清法律障碍。当前，我国智能网联汽车发展面临车辆不能入市、不能上牌、不能运营收费、保险制度不完善、发生交通事故时责任无法认定、相关网络安全和数据保护缺乏监管等诸多法律问题。

1. 准入管理办法尚待进一步探索，相关车型无法上市应用

我国对机动车产品进入市场实行准入管理制度，2021 年 4 月，工业和信息化部发布《智能网联汽车生产企业及产品准入管理指南（试行）》（征求意见稿），对我国智能网联汽车生产企业及产品准入管理提出了指导性意见。但当前仍然尚未确定相应准入依据标准与具体实施细则，后续相关企业与产品如何列入汽车产品目录尚需要进一步探索。当前，我国智能网联汽车产业发展仍处于大规模研发投入阶段，只有推进产品商业化落地应用，智能网联汽车产业才能实现可持续发展。

2. 自动驾驶车辆难以获得运营牌照，商业化探索存在障碍

根据《道路运输条例》规定，参与载人、载货运输运营的单位，需按规定办理运输运营许可证，许可证办理程序要求车辆持有正式牌照。目前，我国自动驾驶车辆的牌照为测试牌照，并非运营牌照。此外，对于开展智能网联汽车示范应用，没有针对自动驾驶运输资质的临时运输许可证的政策办法。因此，相关智能网联汽车研发与运营公司暂时无法进行商业化部署。

3. 部分智能网联车辆类别归属不明确，无法纳入现行管理体系

依据《中华人民共和国道路交通安全法》（以下简称《道路交通安全法》）规定，应用于巡逻侦察、环卫清扫、末端物流等场景的特种车辆是属于"机动车"还是"非机动车"，还没有明确的定义，导致没有上级主管部门以及相关政策来支撑和规范上述特种车辆的发展，车辆路权、经营权、事故责任认定等问题也无法界定。

4. 智能网联车辆责任主体暂无明确定义，难以进行清晰事故责任认定

现行道路交通安全法律法规对车辆发生交通事故及违章的处理规则，是按照车辆有驾驶人的传统思维设计的，但是针对高级别智能网联汽车无驾驶人的情况，如何处理交通事故及违章问题尚无依据。

同时，在智能网联汽车保险制度方面，我国现行《机动车交通事故责任强制

险条例》规定的受害人范围排除了车上人员和被保险人，投保人如有需求，可以自己购买车辆损失险、机动车车上人员责任保险等商业车险。在自动驾驶情形下，上述保险规定不利于消费者利益的保护及自动驾驶技术的商业化推广，相较于传统意义上强制保险的适用范围，承保"车内人员所受人身损害"将是自动驾驶背景下的必然产物。根据现行商业车险条款，保险责任限定的"被保险人或其允许的驾驶人在使用被保险机动车过程中"对智能网联汽车是适用的，但责任免除中部分条款，对智能网联汽车的一些使用场景有影响。

各场景政策法规方面面临的主要挑战见表2-16。

表2-16　各场景政策法规方面面临的主要挑战

组别	主要挑战	制约程度
停车场（库）泊车	1. 尚未出台功能安全、预期功能安全、网络安全等产品管理要求实施细则 2. 因写字楼、住宅等停车场（库）属于配建设施，一般隶属于业主管理，不受相关政策法规制约；部分公共停车场隶属于公安部门管理，受《道路交通安全法》限制 3. 面向高级别自动驾驶保险法规以及适用于自动驾驶车辆的专属保险业务尚处于缺失状态，相关事故责任划分及责任认定的法律法规方面尚未取得突破	中
Robotaxi	1. 尚未出台功能安全、预期功能安全、网络安全等产品管理要求实施细则 2. 无法开展收费运营，受现行《道路运输条例》约束，参与载人、载货运输运营的单位，需按规定办理运输运营许可证，许可证办理程序要求车辆持有正式牌照。而按现行国家管理规范要求，测试车辆只能持有临时测试号牌，与此方面法规程序形成冲突 3.《道路交通安全法》及实施条例，不允许自动驾驶汽车上路行驶 4. 面向高级别自动驾驶的保险法规以及适用于自动驾驶车辆的专属保险业务尚处于缺失状态，相关事故责任划分及责任认定的法律法规方面尚未取得突破	高
乘用车高速公路自动驾驶	1. 尚未出台功能安全、预期功能安全、网络安全等产品管理要求实施细则 2.《道路交通安全法》及实施条例，不允许自动驾驶汽车上路行驶，不允许自动驾驶汽车在高速公路开展测试	高

（续）

组别	主要挑战	制约程度
客车自动驾驶	1. 无法开展收费运营，受现行《道路运输条例》约束，参与载人、载货运输运营的单位，需按规定办理运输运营许可证，许可证办理程序要求车辆持有正式牌照。而按现行国家管理规范要求，测试车辆只能持有临时测试号牌，与此方面法规程序形成冲突 2. 面向高级别自动驾驶的保险法规以及适用于自动驾驶车辆的专属保险业务尚处于缺失状态，相关事故责任划分及责任认定的法律法规方面尚未取得突破	中
货车高速公路自动驾驶	1.《道路交通安全法》及实施条例，不允许自动驾驶汽车上路行驶，不允许自动驾驶汽车在高速公路开展测试 2. 无法开展收费运营，受现行《道路运输条例》约束，参与载人、载货运输运营的单位，需按规定办理运输运营许可证，许可证办理程序要求车辆持有正式牌照。而按现行国家管理规范要求，测试车辆只能持有临时测试号牌，与此方面法规程序形成冲突	高
场内货运	因港口、工业厂区等属于封闭区域，一般隶属于业主方管理，不受相关政策法规制约	低
矿山运输	因各类矿山属于封闭区域，一般隶属于业主方管理，不受相关政策法规制约	低
末端配送	1. 功能型无人车属于新的产品形态，目前没有相关法规对无人配送车的身份进行定义 2. 法律属性不清晰，对产品生产管理体系难以形成行业规范 3. 面向高级别自动驾驶的保险法规以及适用于自动驾驶车辆的专属保险业务尚处于缺失状态，相关事故责任划分及责任认定的法律法规方面尚未取得突破	中
环卫清扫		中
侦察巡逻		中

注：1. 制约程度等级高：在测试验证、示范运行等过程中，受到相关政策法规限制，仅能在部分开放地区进行相关应用。

2. 制约程度等级中：该场景在当前法规条件下在大部分地区已经开展了示范运行或具备示范运行条件，但大规模商用尚有制约。

3. 制约程度等级低：该场景商业化运营不受相关政策法规影响。

2.3.2 道路测试方面的主要挑战

测试示范是实现智能网联汽车加速技术迭代、产品创新应用的必要一环。行业普遍认为，为保障智能网联汽车在复杂的道路交通环境中安全可靠行驶，需要通过模拟仿真测试、封闭场地测试和实际道路测试等综合手段进行大量测试验证。当前，我国智能网联汽车技术和产业发展已进入快车道，在实际道路和真实交通环境下的测试和示范应用，已成为自主骨干企业开展智能网联汽车技术研发和产品应用及推广的现实需求。从各企业实际测试情况看，测试示范的进一步发展仍然面临各地标准及管理办法不一致、各地测试牌照没有形成互认机制、测试时间和资金成本高、测试场景不健全、网联化发展缓慢以及多地测试服务能力跟不上产业发展等问题。

1. 开放道路场景相对单一，难以满足全场景测试需求

各地方在选择开放道路时，由于受法规限制或基于降低安全风险等考虑，开放测试路段典型性不足，企业暂未开展区域内的全场景测试。

在城市道路方面，目前各地开放道路主要集中在车流较少、场景相对简单的路段，很少开放车流量大、场景较复杂路段，企业的连续路段多种场景测试需求无法得到充分满足。

在高速公路方面，受法规限制，我国高速公路测试开放区域不多，给企业高速公路相关场景的研发和产业化带来了不确定性。高速公路乘用车与货运车辆测试受到相关测试设备及场地限制，试验场不能模拟道路的真实情况，难以验证控制策略的真实效果。目前，场地测试中采用的软目标车及平台车能支持的速度通常在 80km/h 以下，对于车速较高的应用来说尚待提高。

2. 各地测试管理办法要求不统一，测试结果尚不互认

各地基于保证道路测试安全及本地产业发展考虑，所制定的道路测试实施细则或管理办法内容各有不同，"考试"标准也不尽相同，各个测试示范区在测试方法、数据采集、路侧设备规格等方面缺少统一标准。当前仅有广州、深圳、武汉等地认可其他城市的封闭场地检测报告，其他地区仍处于协议或倡议阶段，无法满足企业申请多地牌照的需求。获取异地牌照需要适应多地管理办法和测试标准，为企业研发带来沉重负担，也为智能网联汽车在全国范围推广制造了潜在障碍。

3. 数据收集和处理问题亟待解决，数据未充分利用

智能网联汽车的数据按照来源大致可分为车辆运行数据和车辆外部数据（交通环境数据、基础设施数据等）。其中，车辆运行数据一般指车辆运行时产生的

数据，包括车辆动力系统、底盘、车身、传统汽车电器与智能汽车电器产生的状态信息、控制指令与传感器信息。车辆外部基础数据主要包括基础设施、交通环境、交通管理等数据，车辆外部数据一般可以通过安装在测试场地的摄像头、雷达等传感器来获取。

在数据的传输与处理方面，一方面，道路测试数据尚未公开发布，透明度不够；另一方面，测试数据的共享及二次开发利用尚在探索中。目前，各企业的智能网联汽车道路测试产生的数据以测试报告、视频数据等形式分散在各主管部门或测试管理第三方，未接入到统一的数据平台，数据的脱敏处理及二次开发利用尚在探索中，目前尚未做到数据共享与利用。

4. 开放道路测试涉及部门、单位众多，测试主体测试成本高昂

智能网联汽车封闭测试场地测试成本主要包括企业技术方案的测试验证，以及企业为获取测试牌照而开展的封闭场地测试费用。首先，企业需要在租赁的场地不断验证其自动驾驶技术方案的可靠性，这是国内外企业在技术开发过程中都无法避免的研发成本。其次，《智能网联汽车道路测试与示范应用管理规范（试行）》规定，测试车辆需要事先在封闭道路、场地等特定区域进行充分的实车测试，并取得第三方检测机构出具的自动驾驶功能委托检验报告。国内多数实施细则规定实车测试需要在第三方检测机构指定的测试场内测试，因此企业需要租赁测试场地、设备及办公场所等，单车牌照的费用都在 100 万元左右，给企业道路测试造成一定负担。此外，新品牌、新车型检测过程复杂，同一车型测试需经过监管部门、测试申请单位、第三方机构等大量重复性工作。

对于企业准备逐步扩充测试车队规模，或小范围迭代升级车载设备的情况，所有改动都必须重新测试。第三方机构测试费用已为企业经营带来巨大压力，小批次车辆的检测费用甚至达到数百万元，不利于车队规模扩大和系统功能升级。

各场景道路测试方面面临的主要挑战见表 2-17。

表 2-17　各场景道路测试方面面临的主要挑战

组别	主要挑战	制约程度
停车场（库）泊车	1. AVP 泊车系统测试标准尚在制定过程中，缺乏有效测试依据 2. AVP 泊车系统目前存在车端、场端、车场协同三种技术路径，各类车辆系统方案与场端设备的差异性，造成测试方法难以统一	中
Robotaxi	1. 各地自动驾驶道路测试与示范的管理水平参差不齐，在测试结果互认机制、测试区域开放程度等方面对测试主体形成制约	高

（续）

组别	主要挑战	制约程度
Robotaxi	2. 除北京、上海、沧州等城市开放测试里程较高外，其他城市测试区域开放里程不足，并且所提供的测试路段、时间等均无法满足企业多种场景测试需求 3. 针对高等级自动驾驶车辆的多条件、多维度测试评价体系尚未形成	高
乘用车高速公路自动驾驶	1. 开放自动驾驶道路测试的高速公路路段有限，目前仅有北京、海南等地开放了高速测试路段，给企业高速公路相关场景的研发和产业化带来不确定性 2. 场地内测试条件有待提高，目前场地测试中采用的软目标车及平台车能支持的速度通常在 80km/h 以下，对于车速较高的高速公路自动驾驶（HWP）应用来说尚待提高	高
客车自动驾驶	各地方自动驾驶道路测试与示范的管理水平参差不齐，在测试结果互认机制、测试区域开放程度等方面对测试主体形成制约	中
货车高速公路自动驾驶	1. 开放自动驾驶道路测试的高速公路路段有限，目前仅有北京、海南等地开放了高速测试路段，给企业高速公路相关场景的研发和产业化带来不确定性 2. 各地自动驾驶道路测试与示范的管理水平参差不齐，在测试结果互认机制、测试区域开放程度等方面对测试主体形成制约 3. 高速公路自动驾驶货运的主要商业场景集中在以城际、省际运输为代表的中长距离跨地区运输模式，但现有的自动驾驶测试牌照管理办法无法满足自动驾驶测试车辆的高速公路跨省市测试需求	高
场内货运	场内货运场景还是以零散测试为主，缺少技术、测试、管理等方面的标准化	中
矿山运输	矿山运输场景还是以零散测试为主，缺少技术、测试、管理等方面的标准化	中
末端配送	1. 目前各地颁布的智能网联汽车道路测试管理规范只针对乘用车和商用车辆，不包括功能型无人车，影响测试牌照的获取 2. 功能型无人车的相关技术标准还处于空白状态，缺乏有效测试依据	高
环卫清扫		高
侦察巡逻		高

注：1. 制约程度等级高：当前尚无对应测试标准与测试方案，测试环节的缺失直接造成该场景智能网联汽车进一步应用存在障碍。

2. 制约程度等级中：测试现状能够初步满足产品开发、测试要求，企业可以初步进行示范应用探索，但在测试水平、测试成本等方面仍然存在面向大规模商用的阻碍。

3. 制约程度等级低：该场景具备良好的测试环境与测试条件。

2.3.3　基础设施建设方面的主要挑战

智能网联汽车产业突破传统的汽车产业范畴，需要人、车、路、云、网、图等互联与协同发展，道路交通、信息通信、数据云平台等方面的基础设施有待加大建设投入。在基础设施信息化、数字化升级方面，虽然已经取得长足发展，但也面临着需要跨部门协调、跨产业协同，建设投资大、周期长，投资主体不明确等问题，没有形成有效的商业模式，影响建设进度，给智能网联汽车商业化运营带来挑战。

1. 智能化基础设施孤岛现象严重，大数据平台信息尚未打通

一方面，路侧单元（RSU）、5G 基站等智能化基础设施建设主要围绕部分城市先导区、封闭测试区/场、公开测试道路、高速示范项目等进行改造建设，还没有形成全程全网连续覆盖。不同区域各自为战，信息孤岛现象比较严重，各系统各自为政，难以实现业务互通、信息共享。跨平台的统一基础设施建设路径尚不清晰。

另一方面，各车企都在建设自己的车联网云平台或者大数据中心，基于企业不同研发、生产、销售以及售后应用及运营模式的考虑，加之各自建设所依托的汽车数据标准和体系不同，使用的运营商方案也不尽相同，这些现有或者在建的云平台和大数据中心的建设标准不同，难以实现相关基础设施的互联互通。

2. 建设运营主体不明确，商业模式不清晰

当前在智能化基础设施建设过程中，涉及交通运输、城市管理、住建、公安等多个管理部门，不同管理部门在制定实施管理规划等方面亟待加强协同和联动。目前，这一问题在一定程度上造成了传感器、云数据中心、5G 网络等资源的重复建设，无法最大限度地发挥基础设施的作用。同时，现有基础设施存在部署方案和标准不统一的情况，是基础设施共享的主要瓶颈。

3. 高精地图覆盖不全，更新频率无法满足自动驾驶需求

受高精地图测绘管理要求的约束，目前我国仅完成了约 35 万 km 高速公路与城市快速路的高精地图采集，相关城市主干路、次干路、支路等道路尚未开展高精地图采集工作，难以覆盖相关场景的应用。部分运行在封闭、限定区域以及城市道路的测试车辆通过自行采集高精地图的方式进行自动驾驶功能测试，缺乏法律依据，阻碍了商业化进程。

此外，高精地图的生产和发布过程受到严格的测绘地理信息法律法规管理，

道路动态信息难以进行实时更新，不能完全对应满足自动驾驶需求。

各场景基础设施建设方面面临的主要挑战见表 2 - 18。

表 2 - 18　各场景基础设施建设方面面临的主要挑战

组别	主要挑战	制约程度
停车场（库）泊车	1. 停车场原有基础设施差异大、场端改造方案不统一，给车型适配场端带来一定挑战 2. AVP 场端工程集成度较高，造价高，回报周期长 3. 停车场内高精地图可以用于测试，量产前受自然资源部相关管理规定约束，审批流程较长	高
Robotaxi	1. 尚未形成面向城市统一的动态交通信息服务平台与开放机制 2. 支撑车路协同、网联自动驾驶等技术应用的城市智能化道路基础设施建设与车载设备安装尚未形成有效协同 3. 自然资源部尚未开放城市道路高精地图信息采集	高
乘用车高速公路自动驾驶	1. 高速示范项目等进行改造建设，还没有形成全程全网连续覆盖 2. 不同区域各自为战，信息孤岛现象比较严重，各系统各自为政，难以实现业务互通、信息共享 3. 高精度定位需要依赖 RTK 基站，覆盖度尚未满足全国所有高速公路	中
客车自动驾驶	1. 尚未形成面向城市统一的动态交通信息服务平台与开放机制 2. 支撑车路协同、网联自动驾驶等技术应用的城市智能化道路基础设施建设与车载设备安装尚未形成有效协同 3. 自然资源部尚未开放城市道路高精地图信息采集	中
货车高速公路自动驾驶	1. 高速示范项目等进行改造建设，还没有形成全程全网连续覆盖 2. 不同区域各自为战，信息孤岛现象比较严重，各系统各自为政，难以实现业务互通、信息共享 3. 高精度定位需要依赖 RTK 基站，覆盖度尚未满足全国所有高速公路	中
场内货运	原有港口通信网络、监控设施配套不全，需要单独搭建 5G 通信环境、智能监控配套设施等，保障车辆群体调度、远程监控等功能的实现	中

（续）

组别	主要挑战	制约程度
矿山运输	原有矿区通信网络、监控设施配套不全，需要单独搭建 5G 通信环境、智能监控配套设施等，保障车辆群体调度、远程监控等功能的实现	中
末端配送 环卫清扫 侦察巡逻	1. 尚未形成面向城市统一的动态交通信息服务平台与开放机制 2. 支撑车路协同、网联自动驾驶等技术应用的城市智能化道路基础设施建设与车载设备安装尚未形成有效协同 3. 自然资源部尚未开放城市道路高精地图信息采集	高

注：1. 制约程度等级高：该场景智能网联汽车应用对基础设施依赖度较高，基础设施建设难度较大。
　　2. 制约程度等级中：该场景智能网联汽车应用与基础设施不存在强依赖关系，或该场景基础设施可根据产业需求在短时间内完成建设。
　　3. 制约程度等级低：该场景已经具备一定基础设施支撑条件，满足当前应用需求。

2.3.4　技术开发方面的主要挑战

1. 部分关键零部件无法支持大规模商用，有待进一步迭代性能

为了满足高级别智能网联汽车在各类场景下安全运行并形成大规模部署，自动驾驶核心技术与关键零部件需要进一步实现突破。在车辆环境感知方面，现阶段仍然存在机器视觉识别类型不足，激光雷达价格高昂难以上车，高精度定位覆盖范围小，复杂路口决策规划难度大，无法应对雨天、低光照等恶劣场景等问题；在车辆控制执行方面，底盘线控系统性能、整车的耐久性、整车冗余设计等还处于探索开放中，尚未实现闭环开发；在车载计算平台方面，车载计算平台芯片算力不够，不能达到复杂环境的运算要求，同时功耗比较大，极大地限制了车辆的蓄电池设计和行驶范围；此外，智能网联汽车云控平台还处于区域范围示范探索中，实现大规模应用还有一定的距离。

2. 自动驾驶系统难以覆盖全部场景，技术成熟度有待在更复杂环境下进行验证

面向实际道路场景的商业化应用，自动驾驶系统需要解决所有突发现象，以保证乘客及车辆的安全。应用在城市道路、限定区域的智能网联汽车，面对的交通路况异常复杂，包括无保护左转、行人/摩托车/电动摩托车/自行车避让、夜间行驶等，以及延伸出大量极端场景，如车身广告印刷图案、路边行人手持标志牌、路中间的不明障碍物等，成为制约自动驾驶发展的主要因素。

同时，现有测试示范场景与未来真实商用场景仍然存在差距，急需更多复杂路测数据，以提高系统安全性能。自动驾驶车辆在真实的开放道路上累计行驶里程越长、测试场景越广，技术迭代就越快。当前示范区与公开测试道路一般为交通环境较好的空旷路段，较少出现实际驾驶环境中的复杂交叉路口、车道线不清晰、电磁干扰等情况。复杂环境测试数据的缺乏，将影响自动驾驶算法优化，减缓产业落地速度。

3. 部分特殊应用场景对传感器、底盘技术提出更高要求

矿山运输、环卫清扫、场内货运等场景因无人驾驶作业的特殊性，对车辆性能提出了更高的要求。

在矿山运输领域，矿区环境恶劣，矿车载重大，对矿车自身线控底盘和控制算法要求较高，矿区落石、扬尘等对传感器及感知算法也会产生较大影响。例如，在砂石料矿区中存在重载下坡路段，对宽体自卸车的前桥载荷能力及线控转向的载荷能力要求较高，若线控转向的载荷能力不足，则易发生转向执行不到位的情况，同时对自动驾驶系统的控制算法要求较高。道路中间存在由撒落石料堆积形成的隆起，需要通过优化感知算法防止误识别；砂石料矿区更易形成扬尘，对基于激光雷达的感知算法性能影响较大。

在环卫清扫领域，基于作业需求，自动驾驶环卫清扫在定位计划、路径规划与控制等方面也提出了更高的技术要求。研究证明，多数道路上的碎屑分布在靠近路边 60cm 的地方，环卫清扫车需要贴着路缘清扫，定位和控制精度需要做到 5cm，甚至 3cm 以下。靠得近，容易撞上路缘或者冲出路边；靠得远，又无法完成垃圾清扫任务。同时，清洁车的底盘是货车或者传统的环卫车，底盘同属于阿克曼底盘，在大多数清扫场景下都需要做到覆盖式清扫，尤其是在狭窄多障碍物的复杂空间，要保证绝对安全，因此路径规划和控制都充满挑战。

在场内货运领域，对集装箱装卸的精准定位停车也提出了更高的要求。目前，业内大部分企业可实现单次或连续几次 5cm 以内的精准纵向定位停车示范演示，但是在实际运营作业中需要的是连续 24h 混流状态下 100% 的精准停车，需要继续进行测试和技术迭代。

4. 智能网联汽车安全技术是面向商业化应用的关键因素

自动驾驶起初得以发展的原因是机器能避免人的情绪化及疲劳感，从而提高车辆安全性。智能网联汽车安全技术的开发是大规模应用前的重要工作，仍然存在挑战。一是在自动驾驶人工智能技术方面，算法具有不可解释性。大多数自动驾驶控制程序采用"端到端"的训练方式，策略规划存在许多不透明的区域，

人工智能仍不具备独立自主思考的能力，不能应对道路上的突发场景，即使进行了几百万千米的道路测试，也无法确保上路的安全性；二是在自动驾驶安全性评估方面，目前并没有一套标准的规则，无法确定上路之后的安全性；三是在信息安全方面，打造安全可靠的数据网络传输是长期面临的困难与挑战。

各场景技术开发方面面临的主要挑战见表 2 - 19。

表 2 - 19　各场景技术开发方面面临的主要挑战

组别	主要挑战	制约程度
停车场（库）泊车	技术发展路径尚未形成统一意见，车路协同路线是业内较为认可的长期发展方向，但涉及链条较长（车、场、通信、图、云），存在联合开发、测试的复杂度问题；"单车智能"方案，开发较快，是部分主机厂选择的量产方案，但也面临车端成本和运行安全性的平衡矛盾	中
Robotaxi	1. 现有自动驾驶系统难以覆盖全部场景，且网联式自动驾驶技术方案尚不清晰 2. 支撑 Robotaxi 场景的自动驾驶车辆的传感器探测能力尚存在局限性 3. 城市复杂工况条件下支撑自动驾驶相关的专家数据库、道路场景数据库与有限计算资源之间仍然存在矛盾 4. 在技术路线方面，支撑网联式自动驾驶技术方案的 5G 车载终端产品技术以及网联式自动驾驶大规模示范应用尚未取得突破，导致网联式自动驾驶技术方案尚不清晰	中
乘用车高速公路自动驾驶	1. 自动驾驶系统难以覆盖全部场景，技术成熟度有待在更复杂环境下进行验证 2. 部分关键零部件无法支持大规模商用，有待进一步迭代性能	中
客车自动驾驶	1. 自动驾驶系统难以覆盖全部场景，技术成熟度有待在更复杂环境下进行验证 2. 自动驾驶车辆及系统短时间内难以满足功能安全和预期功能安全要求	中
货车高速公路自动驾驶	1. 自动驾驶系统难以覆盖全部场景，技术成熟度有待在更复杂环境下进行验证 2. 部分关键零部件无法支持大规模商用，有待进一步迭代性能 3. 自动驾驶车辆及系统短时间内难以满足功能安全和预期功能安全要求	中

(续)

组别	主要挑战	制约程度
场内货运	1. 目前存在无人驾驶车辆运行效率比人工驾驶车辆低的问题，从安全角度出发，自动驾驶系统的设计和设置比较保守，导致同样的作业路径，无人驾驶车辆较人工驾驶车辆费时更多 2. 缺乏以全局视角进行交通优化的云控平台和以全局视角进行作业优化的车辆调度平台，整个无人驾驶车队的运营效率有较高的提升空间	中
矿山运输	1. 矿区落石、扬尘等对传感器及感知算法会产生较大影响 2. 矿车载重大，对矿车自身线控底盘和控制算法要求较高	中
末端配送	1. 自动驾驶系统难以覆盖全部场景，技术成熟度有待在更复杂环境下进行验证 2. 车辆系统设计还不能满足无人末端配送车构型多变与灵活电子电气架构问题 3. 云端集群调度平台系统还处于理论探索中，目前仅完成了原型设计，无法实现大量车辆集群控制与任务调度 4. 配送系统设计还处于样车阶段，没有统一的规范与标准，缺乏成熟的全自动化配送和货物安全验证手段；无人末端配送场景尚无完整的测试验证流程与方法，支撑相关的法规制定和标准建设等	中
环卫清扫	1. 自动驾驶系统难以覆盖全部场景，技术成熟度有待在更复杂环境下进行验证 2. 基于作业需求，自动驾驶环卫清扫在定位计划、路径规划与控制等方面提出了更高的技术要求	中
侦察巡逻	1. 自动驾驶系统难以覆盖全部场景，技术成熟度有待在更复杂环境下进行验证 2. 车辆系统设计还不能满足无人末端配送车构型多变与灵活电子电气架构问题 3. 云端集群调度平台系统还处于理论探索中，目前仅完成了原型设计，无法实现大量车辆集群控制与任务调度 4. 配送系统设计还处于样车阶段，没有统一的规范与标准，缺乏成熟的全自动化配送和货物安全验证手段；无人末端配送场景尚无完整的测试验证流程与方法，支撑相关的法规制定和标准建设等	中

注：1. 制约程度等级高：当前技术能力对该场景智能网联汽车应用存在巨大限制，尚无可用于测试验证或示范应用的产品。

2. 制约程度等级中：当前在技术发展路线上尚未形成统一观点，或在技术方案上仍然需要进一步测试验证，当前产品可以通过测试验证与示范应用有效提高未来产品性能。

3. 制约程度等级低：该场景下智能网联汽车已经基本成熟，主要零部件能够满足应用需求。

2.3.5　商业模式方面的主要挑战

1. 现阶段示范运行主要以免费体验为主，尚未形成商业闭环

2021 年发布的《智能网联汽车道路测试与示范应用管理规范（试行）》中明确提到，不允许车辆在道路测试及示范应用过程中，从事道路运输经营活动。现阶段全国范围内通勤客车、Robotaxi 等场景下智能网联汽车示范活动仍以体验为主，在此背景下，未来相关场景智能网联汽车如何盈利，仍然需要进一步探索。

2. 自动驾驶改造成本尚待降低，与传统人工作业相比不具备竞争力

在智能网联汽车成本方面，各主要场景均呈现出研发制造成本居高不下的问题。一方面，各企业前期研发资源投入巨大，自动驾驶系统开发需要大量的研发论证、测试验证才能够逐步迭代性能，满足相关场景自动驾驶能力需求；另一方面，当前激光雷达、计算平台等关键零部件受技术与产量的双重制约，成本仍然较高。在复杂道路环境下运行的自动驾驶系统需要加装多个传感器，以得到冗余感知能力，同时配合高算力计算平台，车辆成本剧增。此外，路端改造成本也居高不下，RSU、边缘计算单元等设备的投入与车辆运行区域的范围成正比。

各场景商业模式方面面临的主要挑战见表 2 - 20。

表 2 - 20　各场景商业模式方面面临的主要挑战

组别	主要挑战	制约程度
停车场（库）泊车	1. 用户端收费模式不清晰。由于 AVP 的业务形态和技术方案相对较新，商业模式还没有完全确定，对用户侧的收费，是采用按次收费，还是比照自动驾驶方案采用订阅制，有待行业的持续探索 2. 场端建设投资模式需要进一步探索，场端建设涉及较大资金投入，业主方、运行方、相关技术设备提供商之间的商业合作模式仍在探索中	高
Robotaxi	1. 当前 Robotaxi 以体验为主，国家层面仍不允许从事经营活动 2. 消费者付费意愿、盈利能力等尚不明确。短时期内，由于 Robotaxi 场景的 L4 级自动驾驶汽车受成本、技术成熟度制约，难以大规模推广应用，消费者对超前创新型产品的认可会出现滞后	高
乘用车高速公路自动驾驶	当前智能化传感器、控制器成本与消费者对新功能的价格增量接受度之间仍然具有一定差距，需要进一步降低智能化成本，提高产品认知度	中

（续）

组别	主要挑战	制约程度
客车自动驾驶	1. 当前自动驾驶客车以体验为主，国家层面仍不允许从事经营活动 2. 如何针对现实的运营环境，建立合理、便捷、可靠的票务系统，需要进一步探索	高
货车高速公路自动驾驶	当前高速公路自动驾驶货运以测试示范为主，国家层面仍不允许从事经营活动	高
场内货运	1. 细分场景多，难以通过规模化应用压缩成本。场内货运存在很多细分场景，通用性不强，需要根据每个细分场景的需求进行线控底盘的选择和研制、自动驾驶系统的定制开发与长时间技术迭代、自动驾驶车队管理系统的定制开发，前期推广成本较高 2. 安全员下车是场内货运商业化的一个必要条件。为保障自动驾驶车辆与行人（工作人员）、有人驾驶车辆交互时的安全性，大多数情况下仍然需要配置车上安全员，难以满足场内货运用户对效率、成本的需求	中
矿山运输	5G基站建设成本较高、覆盖区域小，电信运营商设站无法明确收费模式，且投入巨大	中
末端配送	1. 现阶段成本过高，尚未形成批量应用 2. 园区及开放道路存在行人混行、道路障碍、可变因素多等特点，导致自动驾驶环卫车需要的冗余设计成本较高	中
环卫清扫		中
侦察巡逻		中

注：1. 制约程度等级高：受相关条件制约，无法开展商业化运营，未来商业模式仍需进一步探索。
2. 制约程度等级中：当前可以在实际应用中逐步探索商业化模式。
3. 制约程度等级低：该场景商业化模式较为成熟。

第 3 章

智能网联汽车创新应用
总体路线图

Chapter 03

3.1　智能网联汽车创新应用的愿景

　　智能网联汽车创新应用愿景，是通过智能网联汽车的不断普及应用，满足公众日益增长的移动出行需求与不同商用场景的车辆作业需求，使我国交通环境朝着"安全、高效、绿色、便捷"的方向发展。随着智能网联汽车不断扩大应用范围，发展愿景具体如下。

　　1）改变出行方式，提高交通安全性与便利性：自动驾驶汽车大规模应用于公众出行，显著提高交通效率与便捷性，降低交通事故发生率。

　　2）改变作业模式，提高运输、生产效率：通过应用自动驾驶技术不断提高生产力，使劳动者远离恶劣的工作环境。

　　3）节能减排：有效降低道路交通能源消耗和污染排放，促进碳达峰与碳中和。

3.2　智能网联汽车创新应用总体目标及里程碑

3.2.1　创新应用路线图总体目标

1. 创新应用近期（2021—2022 年）

（1）顶层设计方面

　　推动形成中国方案智能网联汽车创新应用顶层战略，构建跨部门协同的管理机制，研究探索中国智能网联汽车的政策法规、技术标准、产品安全和运行监管体系框架，智能网联汽车生产企业及产品准入管理办法与实施方案初步形成。面向多场景应用需求特点，构建国家标准与团体标准相结合的智能网联汽车标准体系。在部分城市逐步探索政策先行试点，初步建立起"安全高效、创新包容、衔接顺畅、国际一流"的智能网联汽车管理政策制度体系，进一步支持产业发展营商环境。

（2）技术与产品创新方面

形成协同开放的智能网联汽车技术创新体系。建立较为完善的智能网联汽车自主研发体系、生产配套体系、产品应用体系；初步掌握智能网联汽车关键技术，进一步降低关键零部件成本价格，促进智能网联汽车商业化发展。建立健全智能汽车测试评价体系及测试基础数据库。实现国家级测试区/场之间的测试结果互认，使测试管理流程更加完善。高等级智能网联汽车在不同场景逐步探索商业化运营模式，依托有条件地区的示范区、政策先行区开展常态化试运营模式。

（3）市场应用方面

我国大型城市积极探索智能网联汽车应用模式，各类场景逐步扩大示范范围，预计将在 10 座以上城市范围内实现停车场（库）泊车、Robotaxi、通勤客车自动驾驶及专用车道公交自动驾驶、末端配送、环卫清扫、巡逻侦察等各类场景应用并存；部分高速公路与城市快速路支持乘用车与货运车辆自动驾驶实现；场内货运、矿山运输形成典型场景示范应用；各类场景逐步在示范应用的基础上探索商业化模式。

2. 创新应用中期（2023—2025 年）

（1）顶层设计方面

进一步推动形成中国方案智能网联汽车创新应用顶层战略，构建跨部门协同的管理机制，执行形成中国智能网联汽车的政策法规、技术标准、产品安全和运行监管体系，智能网联汽车生产企业及产品准入管理办法与实施方案能够指导各级智能网联汽车进入市场。面向不同场景应用需求特点，国家标准、团体标准相结合的智能网联汽车标准体系不断完善，相应标准不断丰富。在全国范围内逐步探索建立起"安全高效、创新包容、衔接顺畅、国际一流"的智能网联汽车管理政策制度体系，进一步支持产业发展营商环境。

（2）技术与产品创新方面

构建协同开放的智能网联汽车技术创新体系。建立较为完善的智能网联汽车自主研发体系、生产配套体系、创新产业链体系；掌握智能网联汽车关键技术，大幅降低关键零部件成本价格，产品质量与价格均具有较强国际竞争力，促进智能网联汽车商业化发展。建立健全智能汽车测试评价体系及测试基础数据库。全国测试区/场测试结果形成互认，进一步优化测试管理流程。高等级智能网联汽车主要应用场景开始商业化运营。

（3）市场应用方面

我国大中型城市积极开展智能网联汽车应用与商业化模式，各类场景进一步扩大示范范围，部分场景形成商业化运行。预计将在 50 座以上城市实现停车场（库）泊车、Robotaxi、通勤客车自动驾驶及专用车道公交自动驾驶、末端配送、环卫清扫、巡逻侦察等各类场景应用并存；全国主要高速公路与城市快速路支持乘用车与货运车辆自动驾驶实现；自动驾驶场内货运、矿山运输作为传统运输车辆的有效补充。

3. 创新应用远期（2025 年以后）

（1）顶层设计方面

中国方案智能网联汽车成为国际汽车发展体系重要组成部分，全面建成中国智能网联汽车的政策法规、技术标准、产品安全和运行监管体系框架，汽车与交通、信息通信等产业深度融合，新型产业生态基本建成。

（2）技术与产品创新方面

形成完善的智能网联汽车自主研发体系、生产配套体系、创新产业链体系；部分智能网联汽车关键技术达到国际领先水平，中国品牌智能网联汽车以及核心零部件企业具备较强的国际竞争力，实现产品大规模出口；建立完善的智能交通系统，形成覆盖城市主要道路的车用无线通信网络和智能化基础设施，"人—车—路—云"系统达到高度协同，智能网联汽车与智能交通形成高效的协作发展模式。

（3）市场应用方面

智能网联汽车应用覆盖我国主要城市，各类自动驾驶场景成为交通运输重要组成部分，各类场景逐步形成商业化运行。停车场（库）泊车、Robotaxi、通勤客车自动驾驶、专用车道公交自动驾驶、末端配送、环卫清扫、巡逻侦察等场景应用覆盖全国主要城市；全国全部高速公路与城市快速路支持乘用车与货运车辆自动驾驶实现；自动驾驶场内货运、矿山运输作为传统运输车辆的有效补充。

3.2.2　创新应用路线图里程碑

创新应用路线图如图 3 – 1 所示。

车辆类型	行驶速度	典型场景		短期（2021—2022年）（小范围示范）	中期（2023—2025年）（进入商业化）	长期（2025年以后）（规模商业化）
乘用车	低速	泊车	应用普及：	智慧停车场场景数量：百级	近千级	数千级
			人员普及：	需要智慧端人员示范	"半百城半万辆"远程示范	无需安全员
	中速	Robotaxi	应用普及：	"十城千辆"运营示范	"半百城半万辆"运营示范	在重点城市进入商业化运营
			人员普及：	需要车内安全员	逐渐取消安全员	无需安全员
	高速	高速公路自动驾驶（HWP）	应用普及：	覆盖部分高速公路和快速路	大部分高速公路和快速路，部分引入网联化	全部高速公路网联化，网联化高速覆盖率提升
			人员普及：	驾驶员需快速响应	驾驶员响应时间延长并支持远程监管	支持安全区域停车并远程接管
客运车辆	低速	园景区通勤区域客车	应用普及：	限定区域开始示范	限定区域小规模商业化	限定区域规模商业化
			人员普及：	需要安全员，远程监控	需要安全员，远程监控	无需安全员
	中速	专用车道快速公交	应用普及：	专用车道示范	小规模商业化	覆盖全国主要BRT线路
			人员普及：	驾驶员需响应	驾驶员需响应	无需驾驶员，需安全员
货运车辆	低速	场内货运	应用普及：	几十个试点及千辆无人集卡	近百个试点及千辆无人集卡	重点码头关基本实现无人化
			人员普及：	需要安全员	逐步去除安全员	无需安全员
	中速	矿山货运	应用普及：	几个矿区整车无人驾驶运输	多个矿山生产运输一队全载全无人化	自动驾驶成为智能矿山建设基本要求
			人员普及：	几个矿区整车无人驾驶监控	1人监控多合矿车	1人监控1台矿山
	高速	干线物流	应用普及：	少数跨省高速开展示范	覆盖部分高速主要干线和省市级支线	覆盖大部分高速公路主要干线和省市级支线
			人员普及：	需要车内安全员（跟随车辆需要）	需要车辆安全员（跟随车辆需要）	无需安全员
功能型无人车	低速	末端配送	应用普及：	几十个城市及千个园区示范	几十个城市及千个园区示范	规模商业化
			人员普及：	开放道路需要安全员（园区无需）	开放道路需要安全员（园区无需）	无需安全员
	低速	环卫清扫	应用普及：	数十条开放道路及数百个园区示范	数百条道路及数个园区示范	规模商业化
			人员普及：	开放道路需要安全员（园区无需）	开放道路需要安全员（园区无需）	需要驾驶员，支持远程接管
	中速	巡逻侦察	应用普及：	几个城市及个园区示范	几十个城市及千个园区示范	规模商业化
			人员普及：	开放道路需要安全员（园区无需）	开放道路需要安全员（园区无需）	无需安全员

图3-1　创新应用路线图

第 4 章

智能网联汽车创新应用
分场景路线图

Chapter 04

4.1　停车场（库）自主代客泊车应用路线图

4.1.1　场景描述与特征

自主代客泊车（AVP）是指用户在指定下客点下车后，通过下达泊车指令，车辆可自动行驶到停车位，不需要用户操纵与监控；用户通过下达取车指令，车辆可以从停车位自动行驶到指定上客点；自动驾驶系统运行过程中，可实现多车动态的自动等待进入泊车位。其典型特征包括以下方面。

1）驾驶人必须主动激活系统，但不需要驾驶人监控，驾驶人或远程监控者可以在任何时候关闭系统。

2）车辆能够自行前往目标停车位或自行搜寻有效车位，随后自动完成泊车入位等动作，泊车完成后通知驾驶人车辆的状态。

3）可实现对车辆的召唤，车辆能自动地完成从泊车位到接驳点的自动驾驶。

4）车辆在代客泊车过程中会自动探测障碍物和其他交通参与者，以保障泊车过程的安全。

4.1.2　主要问题与挑战

1. 技术成熟需要较长时间

单车智能路线、强场侧路线、车路协同路线是 AVP 的三种探索方向。

部分车企为了加快量产进度，规避智能停车场建设速度慢、方案不一致等问题，倾向选择"单车智能"方案，但也面临车端成本和运行安全性的平衡矛盾。与此同时，"单车智能"方案下，车端仅依靠自身传感器完成寻找车位、自动泊车等动作，缺乏统一调度，在当前车辆智能化水平下，极易形成多车拥堵情况。

车路协同路线是业内认可的最终发展方向，不过因为涉及的链条较长（车、场、通信、图、云），也存在联合开发测试的复杂度较高问题。

2. 商业模式不清晰

AVP 目前规划的商业模式是从车端和用户端收费。车端收费模式比较容易理解，就是按照自动驾驶解决方案研发的方式向车企收费，摊入整车成本。对用户端收费的模式，取决于具备 AVP 功能的车辆数、具备 AVP 服务能力的停车场数及服务价格，且服务价格与前两者高度相关。由于 AVP 的业务形态和技术方案相对较新，商业模式还没有完全确定，对用户端的收费是采用按次收费，还是比照自动驾驶方案采用订阅制，有待行业的持续探索。

3. 停车场分散、差异大，难以统一改造

相对于高速公路和城市道路，停车场位置分散，产权分散，差异大，标识标线不统一，车位大小形状各异，给 AVP 的快速规模落地带来了挑战。AVP 场端工程集成度较高，造价高，回报周期长。因此，AVP 的应用推广将是一个长期的过程。

4. 政策规范和标准不统一

各地停车场适用的政策法规和技术标准不统一，难以实现不同品牌车型在同一停车场、同一车型在不同停车场的自主代客泊车。

4.1.3　预期目标

1. 短期（2021—2022 年）

应用普及方面：在全国一二线城市，建设 100 ~ 200 个大中型智慧停车场（包括商业综合体、写字楼等）。

整车集成方面：具备 AVP 功能的量产车达到 10 万辆。

基础设施支撑方面：智慧停车场进行 "轻量化" 改造，具备标志标线、场端地图和场端监控。

人员需求方面：泊车时需要场端人员进行远程监控。

2. 中期（2023—2025 年）

应用普及方面：在全国一二线城市，建设 1000 个大中型智慧停车场（包括商业综合体、写字楼、高等院校、医院、交通枢纽等）。

整车集成方面：具备 AVP 功能的量产车达到 100 万辆。

基础设施支撑方面：智慧停车场进行 "中高度智能化改造"，场端具备室内定位、专用标识、场端地图、场端感知和场端监控。

人员需求方面：泊车时需要场端人员进行远程监控，在遇到问题时远程紧急叫停并提供现场支持。

3. 长期（2025 年以后）

应用普及方面：在全国一二线城市，建设 5000 个大中型停车场（包括商业综合体、写字楼、高等院校、医院、交通枢纽、住宅等）。

整车集成方面：具备 AVP 功能的量产车达到 500 万辆。

基础设施支撑方面：停车场进行"中高度智能化改造"，场端具备室内定位、专用标识、场端地图、场端感知和场端监控。

人员需求方面：泊车时无需场端人员进行远程监控，在遇到紧急突发问题时可以远程紧急叫停并提供现场支持。

4.1.4　实现路径

1. 技术路线

停车场，尤其是地下停车场，与开放道路的主要不同在于车道狭窄、路口狭窄、障碍物多（立柱、防火门、墙壁、坡道、U 形弯等），无法利用卫星定位，高峰期难以发现空余车位等。为此，应聚焦在通过场端系统为车辆提供全局路径规划，障碍物辅助感知，以及辅助定位等。测试验证也应围绕这些需求，尤其是模拟无分道线会车、超窄车道、光照不足等在实际运行中可能发生的极端情况。

2. 标准和数据规范

目前，国内外尚未正式发布针对 AVP 的相关国家或行业标准和法规。2020 年，中国汽车工程学会发布了《自主代客泊车系统总体技术要求》团体标准，在系统定义、安全应用场景、系统总体技术要求、系统总体测试要求等方面形成了行业共识。由于 AVP 系统的应用涉及车端、场端等多方面建设，需要加快具体模块技术标准与规范制定。

具体方向包括自主代客泊车地图与定位技术要求、记忆泊车系统技术要求、自主代客泊车系统车端系统场地试验方法及要求、自主代客泊车系统车—场通信数据交互内容、自主代客泊车停车场技术要求等技术标准的制定。此外，停车场端的功能安全至关重要，可参考 IEC 61508 标准，结合我国国情，制定相应的安全标准体系。

3. 商业模式

应在技术上逐步降低智能化停车场场端建设成本，过高的场端建设成本会导

致无法在商业上持续运营。同时，应通过示范应用尝试各种商业模式，为 AVP
的规模应用打下基础。

4. 社会认知

应通过官方背景的测试认证，增强社会对 AVP 安全性的了解和认知，更好
地推动 AVP 商业化运营。通过示范区的 AVP 体验活动和媒体宣传，让更多人了
解和认可 AVP 的价值。

4.1.5　分场景路线图

停车场（库）自主代客泊车应用路线图详见表 4-1。

表 4-1　停车场（库）自主代客泊车应用路线图

预期目标	短期（2021—2022 年）	中期（2023—2025 年）	长期（2025 年以后）
应用普及方面	在全国一二线城市，建设 100~200 个大中型停车场（包括商业综合体、写字楼等）	在全国一二线城市，建设 1000 个大中型停车场（包括商业综合体、写字楼、高等院校、医院、交通枢纽等）	在全国一二线城市，建设 5000 个大中型停车场（包括商业综合体、写字楼、高等院校、医院、交通枢纽、住宅等）
整车集成方面	具备 AVP 功能的新车达到 10 万辆/年	具备 AVP 功能的新车达到 100 万辆/年	具备 AVP 功能的新车达到 500 万辆/年
基础设施支撑方面	停车场进行"轻量化"改造，具备标志标线、场端地图和场端监控	停车场进行"中高度智能化改造"，场端具备室内定位、专用标识、场端地图、场端感知和场端监控	停车场进行"中高度智能化改造"，场端具备室内定位、专用标识、场端地图、场端感知和场端监控
人员需求方面	泊车时需要场端人员进行远程监控	泊车时需要场端人员进行远程监控，在遇到问题时远程紧急叫停并提供现场支持	泊车时无需场端人员进行远程监控，在遇到紧急突发问题时可以远程紧急叫停并提供现场支持

4.2　Robotaxi 应用路线图

4.2.1　场景描述与特征

　　Robotaxi 场景是指在城市内使用 L4 级及以上自动驾驶车辆代替人类驾驶人进行驾驶操作，其在自身设计的 ODD 范围内为出行者提供"点对点"的智能出行服务。Robotaxi 场景作为未来城市出行新形态，是城市"出行即服务"（MaaS）的重要组成部分。同时，Robotaxi 能够降低人为因素引发的事故，降低用户出行成本，提高公众出行的安全性和便利性。其场景特征可描述为驾驶人或监控人与自动驾驶车辆、乘客、交通环境间的交互。

1. 驾驶人或监控人与自动驾驶车辆的交互

　　在 ODD 范围内，自动驾驶系统需要被车辆安全员或运营平台激活并在整个驾驶过程中进行有效监控，自动驾驶系统执行全部动态驾驶任务，并自主探测自动化系统是否失效以及持续满足设计运行条件，如果出现自动驾驶系统失效或不满足设计运行条件的情况，车辆安全员或运营平台能采取有效风险减缓措施以达到最小风险状态。

2. 自动驾驶车辆具备的功能特性

　　自动驾驶车辆具备复杂城市道路工况（城市快速路、支路、交叉路口、匝道、高架、环岛等）的自动驾驶能力，并能够适应车车混行、人车分离、人车混行等多种交通组织形态。

3. 乘客与自动驾驶车辆的交互

　　自动驾驶车辆的人机交互系统符合乘客出行习惯，具备应急事件处理能力，包括但不限于网络预约接单、乘客身份识别与验证、远程协助、安全提醒、路径按需规划、紧急停车等功能。

4. 自动驾驶车辆与交通环境的交互

　　自动驾驶车辆与其他交通参与者共同参与交通运行，共同遵守交通规则，服从城市交通统一组织管理，自动驾驶车辆应优先保障其他交通参与者的路权。

4.2.2　主要问题与挑战

1. 面向 Robotaxi 场景的 L4 级自动驾驶车辆在产品准入、运营准入等政策法规方面仍然存在诸多障碍

目前，面向 Robotaxi 场景的 L4 级自动驾驶车辆产品准入的相关管理规定还处于草案阶段，且草案中涉及产品的功能安全、预期功能安全、网络安全等要求缺少明确的实施细则，而车辆运营方面尚未出台准入相关的管理规定。同时，支撑相关准入管理的上位法——《道路交通安全法》修订案还未正式出台，且修订案中尚缺少对自动驾驶系统作为驾驶主体合法化的相关规定。

2. 各地自动驾驶道路测试与示范的管理水平参差不齐，在测试结果互认机制、测试区域开放程度等方面对测试主体形成制约

目前，在自动驾驶城市道路测试中，除长三角、深圳、北京等少数地区外，大多数城市间测试结果尚缺乏互认机制，限制了相关测试企业多地牌照申请需求，也使得企业背负了巨大的测试成本，造成了一定的资源浪费。同时，不同城市的测试道路开放区域范围、路段、时间等具有局限性，除北京、上海、沧州等城市开放测试里程较高外，其他城市测试区域开放里程不足，并且提供的测试路段、时间等均无法满足企业多种场景测试需求。

3. 针对 Robotaxi 场景的 L4 级自动驾驶车辆的多条件、多维度测试评价体系尚未形成

受城市复杂工况影响，面向 Robotaxi 场景的 L4 级自动驾驶车辆架构及功能复杂性急剧提升，潜在受影响的安全领域和场景也显著增加。为保证 Robotaxi 安全稳定地上路行驶，需构建一套满足其上路行驶的多条件、多维度的自动驾驶测试评价体系，如满足道路交通法律法规保证安全性、满足乘客的乘坐舒适性、满足一定的效率及经济性等。目前，国内相关机构满足 Robotaxi 场景的 L4 级自动驾驶车辆的多维度自动驾驶测试评价体系尚处于探索阶段。

4. 现有支撑 Robotaxi 场景的 L4 级自动驾驶系统技术对城市复杂场景应对能力仍存在不足，网联式自动驾驶技术方案尚不清晰

在技术能力方面，目前支撑 Robotaxi 场景的自动驾驶车辆的传感器探测能力尚存在局限性，同时，城市复杂工况条件下支撑自动驾驶相关的专家数据库、道路场景数据库与有限计算资源之间仍然存在矛盾。在技术路线方面，支撑网联式

自动驾驶技术方案的 5G 车载终端产品技术以及网联式自动驾驶大规模示范应用尚未取得突破，导致网联式自动驾驶技术方案尚不清晰。

5. 支撑 Robotaxi 场景的 L4 级自动驾驶保险法规以及适用于自动驾驶车辆的专属保险业务尚处于缺失状态

面向 Robotaxi 场景的 L4 级自动驾驶车辆发生交通事故时存在潜在多元责任主体，而我国目前在相关事故责任划分及责任认定的法律法规方面尚未取得突破。在保险业务方面，目前用于 L4 级自动驾驶的保险主要套用传统的交强险模式，保险收费高，企业负担大，且保障效果具有局限性。针对自动驾驶车辆，需根据车企、系统/方案企业、关键零部件企业、运营企业等的实际需求进行个性化、定制化的专属保险产品条款开发，以此提供全面风险保障。

6. 城市现有道路交通设施以及支撑 Robotaxi 场景的 L4 级自动驾驶车辆发展的智能化道路基础设施均不完善

一方面，城市交通信号灯、道路标志标线以及道路变更、施工等信息尚未形成面向城市统一的动态交通信息服务平台，且相关交通信息也未形成对 Robotaxi 相关测试运营企业开放的有效机制；另一方面，支撑车路协同、网联自动驾驶等技术应用的城市智能化道路基础设施建设与车载设备安装尚未形成有效协同，制约面向 Robotaxi 场景的 L4 级自动驾驶技术发展。

7. 面向 Robotaxi 场景的 L4 级自动驾驶车辆运营的消费者付费意愿、盈利能力等尚不明确

短时期内，Robotaxi 场景的 L4 级自动驾驶汽车受成本、技术成熟度制约，难以大规模推广应用，因此消费者对超前创新型产品的认可会出现滞后，消费意愿尚不明确。同时，在商业模式方面，目前业界尚无公认的关于 Robotaxi 盈利能力的研究支撑，Robotaxi 盈利能力尚不明确。

4.2.3 预期目标

1. 短期（2021—2022 年）

应用普及方面：推进"十城千辆"规模的 Robotaxi 常态化全天候示范运行。

整车集成方面：车辆具备 L4 级自动驾驶能力，可集成车路协同通信功能，自动驾驶系统前装与改造并存。

基础设施支撑方面：推进路侧单元及其他交通设备、智慧路杆、车载终端等数字基础设施的建设与连通，构建边云协同城市云基础设施架构。

人员需求方面：仍然需要车内安全员，探索取消"车内安全员"方案。

2. 中期 (2023—2025 年)

应用普及方面：力争实现"半百城半万辆"的 Robotaxi 常态化全天候示范运行，重点示范城市核心区域实现全域运行。

整车集成方面：自动驾驶车辆按照国家标准进行正向车辆设计，并实现前装量产，车辆具备 L4 级车路协同自动驾驶能力。

基础设施支撑方面：形成完善的边云协同城市云基础设施，部分车辆接入智能交通云控平台。

人员需求方面：逐渐取消车内安全员。

3. 长期 (2025 年以后)

应用普及方面：力争在重点城市实现 Robotaxi 常态化全天候商业化运营，部分城市实现全域运营。

整车集成方面：自动驾驶车辆设计生产符合国家智能网联汽车标准体系，达到高安全性、高一致性、高稳定性水平。

基础设施支撑方面：智慧交通云控平台将进一步支持 Robotaxi 的运行。

人员需求方面：进入"车内无安全员"阶段。

4.2.4　实现路径

1. 支持技术路线多元化发展与关键技术创新

支持面向 Robotaxi 场景的 L4 级自动驾驶车辆自主式和协同式两种自动驾驶技术路线并行发展，并从传感器、计算平台、数据库与仿真、城市交通云控平台等多方面鼓励研发与创新，不断提升自动驾驶车辆的整体技术水平，保证车辆自动驾驶的高安全、高可靠、高效能。

2. 政产学研形成有效协同，助力破除政策法规壁垒

充分发挥政产学研协调的桥梁纽带作用，加快推进面向 Robotaxi 场景的 L4 级自动驾驶车辆产品准入、运营准入相关管理规定的正式出台，加快制定相关产品的功能安全、预期功能安全、网络安全等实施细则。加快《道路交通安全法》修订案的正式出台，同时，针对自动驾驶系统作为驾驶主体合法化尽快明确相关规定，为自动驾驶车辆上牌、上路行驶及载客运营提供良好保障。

3. 充分发挥汽车相关行业组织的作用，提升各地自动驾驶车辆测试管理和服务水平

加强联盟、学会等行业组织引领和协调作用，本着服务测试主体、节约资源的原则，在测试结果互认机制、测试区域开放程度等方面积极推动，不断提升地

方自动驾驶车辆测试的管理和服务水平。

4. 加快推进面向 Robotaxi 场景的 L4 级自动驾驶车辆多条件、多维度测试评价体系建设

拓展面向 Robotaxi 场景的 L4 级自动驾驶车辆设计运行条件边界，基于人机交互、功能安全、信息安全、舒适性、能效性等维度，构建面向 Robotaxi 场景 L4 级自动驾驶车辆的多维度自动驾驶测试评价体系。

5. 加强跨部门协同，推进面向 Robotaxi 场景的基础设施建设

加强城市交通数字基础设施建设涉及的汽车、通信、交通、公安、住建、测绘、网安等管理部门的跨部门协同，制订统一的顶层设计规划，促进智能化道路基础设施建设与车载通信设备间形成有效协同，对 Robotaxi 场景下 L4 级自动驾驶车辆的运行与运营形成有效支撑。

6. 推进自动驾驶车辆保险法的研究与突破，加快面向 Robotaxi 场景的 L4 级自动驾驶车辆专属保险产品、保险方案的推出

以保护受害人、促进技术进步为基本原则，加快推进自动驾驶车辆保险法的研究与突破，同时基于自动驾驶等级或风险等级等要素，针对车企、系统/方案企业、关键零部件企业、运营企业等开发专属保险产品、保险方案和差异化定价。

7. 加强消费者认知教育与商业模式实践探索

一方面，加强舆论引导，各地通过应用示范方式提供给公众更多试乘和体验的机会，推动公众更快接受 Robotaxi 场景；另一方面，研究如何降低城市交通运输准入门槛，鼓励多样化企业主体参与城市交通运营活动，鼓励运营企业深度探索 Robotaxi 场景的商业化实践。

4.2.5 分场景路线图

Robotaxi 应用路线图详见表 4-2。

表 4-2　Robotaxi 应用路线图

预期目标	短期（2021—2022 年）	中期（2023—2025 年）	长期（2025 年以后）
应用普及方面	"十城千辆"规模的 Robotaxi 常态化全天候示范运行	"半百城半万辆"的 Robotaxi 常态化全天候示范运行，重点示范城市核心区域实现全域运行	力争在重点城市实现 Robotaxi 常态化全天候商业化运营，部分城市实现全域运营

（续）

预期目标	短期（2021—2022 年）	中期（2023—2025 年）	长期（2025 年以后）
整车集成方面	L4 级自动驾驶系统前装与改造并存，可集成车路协同通信功能	L4 级自动驾驶车辆正向设计实现前装量产，车辆具备 L4 级车路协同自动驾驶能力	自动驾驶车辆设计生产达到高安全性、高一致性、高稳定性水平
基础设施支撑方面	路侧单元及其他交通设备、智慧路杆等数字基础设施的建设与连通，构建边云协同城市云基础设施架构	形成完善的边云协同城市云基础设施，部分车辆接入智能交通云控平台	智慧交通云控平台将更多参与 Robotaxi 运行的决策
人员需求方面	探索取消"车内安全员"方案	逐渐取消车内安全员	进入"车内无安全员"阶段

4.3　乘用车高速公路自动驾驶（HWP）应用路线图

4.3.1　场景描述与特征

　　高速公路自动驾驶功能使车辆能够在高速公路或城市快速路上以限速范围内的车速行驶。从入口到出口，可在所有车道行驶，可实现超车。驾驶人须主动激活系统，但不必持续监视系统，驾驶人可以在任何时候接管系统。当系统向驾驶人发出接管请求时，会给驾驶人预留足够的时间接手驾驶任务。如驾驶人没有及时接管驾驶任务，则系统会适时执行风险减缓策略，将车辆在车道内制动（或安全停止）。在条件允许时，系统有能力变更车道，以使车辆安全地停到应急车道或路肩上。

　　根据车辆的行驶行为可以将 HWP 的典型应用场景分为本车道道内巡航行驶、自主上下匝道、本车道内跟车行驶及变道等，典型总体应用场景示意图如图 4－1 所示。

图 4－1　HWP 典型总体应用场景示意图

4.3.2　主要问题与挑战

HWP 在应用及推广过程中，主要存在以下几方面的问题。

1. 政策法规与标准尚需完善

依照我国现行《道路交通安全法》和《道路交通安全法实施条例》规定，有驾驶人手离开转向盘驾驶情形，属于"其他妨碍安全行车的行为"，高度自动驾驶商品汽车上路面临法律法规的制约。目前，《智能网联汽车生产企业及产品准入管理指南》需要进一步开展实施细则研究。《道路交通安全法（修订建议稿)》尚处在征求意见阶段。

2. 基础设施支撑不足

单车智能受传感器性能的限制，无法解决 HWP 的一些极端场景。车路协同主要问题包括基础设施建设不足和车企间的标准不统一，同时分阶段实施道路基础设施建设的路径尚不清晰，跨行业的车路协同信息交互尚存在壁垒。配合高精地图使用的 RTK 设备严重依赖基站的覆盖能力，4G/5G 覆盖度不足，对 RTK 定位的发展和使用形成制约。

3. 高精地图应用局限

作为自动驾驶功能依赖项，高精地图和定位产业链成熟度不足。主要表现在：①高精地图缺乏统一的行业规范，不同的图商采用不同的接口方式，导致高精地图的推广应用受限；②高精地图覆盖度和更新频率不足，高精地图的生产和发布过程受到严格的测绘地理信息法律法规管理，一定程度上制约了高级别自动驾驶汽车的发展；③高精地图的安全性验证还没有形成行业共识。

4. 复杂场景应用面临挑战

目前，自动驾驶系统在实现 HWP 场景时面临较大挑战，无法覆盖所有复杂场景，特殊工况（如前车坠落物、前方坑洼、轮胎、施工路、事故路）下的环境检测存在探测不足，甚至有无法响应的风险。

5. 测试验证面临考验

HWP 作为高等级自动驾驶功能，其覆盖的边缘场景较多，测试工作量巨大。同时，HWP 测试受到相关测试设备及场地限制。比如目前场地测试中采用的软目标车及平台车能支持的速度通常在 80km/h 以下，对于车速较高的 HWP 应用来说尚待提高。而各地逐渐放开的自动驾驶实验道路包含高速公路有限，致使 HWP 缺乏充分的实车开放道路测试环境。

4.3.3　预期目标

1. 短期（2021—2022 年）

应用普及方面：全国部分高速公路和城市快速路（一线城市和省会城市）。

整车集成方面：实现单车道自动驾驶、基于效率换道、基于导航换道；支持本车道停车或靠边停车的最小风险策略；覆盖典型场景，感知、规划、决策和控制执行能力提升，支持安全预警等车路协同应用。

基础设施支撑方面：高精地图覆盖大部分高速公路和城市快速路，地图季度更新，部分动态信息接入；RTK 覆盖大部分应用区域；关键道路基础设施规范化，路侧设备网络建设面向车联网先导区典型高速和城市快速路段建设，形成示范效应。

人员需求方面：确保驾驶人在位并随时准备接管。

2. 中期（2023—2025 年）

应用普及方面：全国大部分高速公路和城市快速路（所有城市）。

整车集成方面：实现单车道自动驾驶、基于效率换道、基于导航换道、自动上下匝道、自动切换高速功能；支持本车道停车、靠边停车或安全区域停车的最小风险策略；主要长尾场景基本覆盖；感知、规划、决策和控制执行能力进一步提升；支持部分车路协同感知应用，智能化、网联化开始融合发展，V2X 信息作为车辆感知与决策的有效补充。

基础设施支撑方面：高精地图覆盖全部高速公路和城市快速路，地图月更新或周更新，全部动态信息接入；在桥梁、隧道等特殊区域，增加信号、增强设备；道路基础设施进一步完善和标准化；路侧设备网络建设向重点省市的核心高速公路拓展，探索规模化建设和应用模式。

人员需求方面：确保驾驶人在位，驾驶人响应时间延长至 8～10s。

3. 长期（2025 年以后）

应用普及方面：全国所有高速公路和城市快速路（所有城市和乡村）。

整车集成方面：实现单车道自动驾驶、基于效率换道、基于导航换道、自动上下匝道、自动切换高速；支持本车道停车、靠边停车、安全区域停车的最小风险策略；长尾场景全覆盖；感知、规划、决策和控制执行能力成熟，支持网联式协同决策与控制。

基础设施支撑方面：高精地图覆盖全部高速公路和城市快速路，地图周更新，部分区域日更新或实时更新；保证全网全覆盖的 RTK 信号强度；道路基础设施实现规范化，道路维护及时化；车路协同智慧高速建设运营形成可复制模板，向各省市高速公路全面辐射。

人员需求方面：允许后备驾驶人远程接管车辆，车辆支持安全区域停车。

4.3.4 实现路径

1）推动智能化道路规范化建设，强化道路相关标识的清晰度和准确性，确保自动驾驶车辆能够准确识别，提高自动驾驶车辆的安全性。提高高精地图与 RTK 覆盖度。

2）推动车路协同技术发展，加强支持自动驾驶车辆智能交通设施的装配，增加专门针对自动驾驶系统的辅助道路基础设施。支持制定道路智能化分级实施标准，加快车载智能终端推广加装与新型通信网络覆盖。

3）加快自动驾驶测试、认证、运行、运营相关标准法规制定，鼓励优化完善自动驾驶道路测试管理办法，支持异地道路测试结果互认，探索并推广行业最佳实践；开放部分高速公路道路用于自动驾驶测试和示范运行，为规模化商用打下基础，逐步扩大示范运行路线和范围。

4）支持自动驾驶车辆高速公路准入，支持车辆小批量受控量产，最终支持至车辆正式量产，并在全国道路开放运行，逐步建立起交管保险等相关配套流程。

5）尽快出台《自动驾驶系统通用技术要求》《智能网联汽车设计运行条件》《自动驾驶系统数据记录要求及试验方法》《自动驾驶功能道路试验方法及要求》等自动驾驶系列标准，为具有 HWP 功能的自动驾驶车辆的开发、测试、准入提供依据。

4.3.5 分场景路线图

乘用车高速公路自动驾驶应用路线图详见表 4-3。

表 4-3 乘用车高速公路自动驾驶应用路线图

预期目标	短期（2021—2022 年）	中期（2023—2025 年）	长期（2025 年以后）
应用普及方面	全国部分高速公路和城市快速路（一线城市和省会城市）	全国大部分高速公路和城市快速路（所有城市）	全国所有高速公路和城市快速路（所有城市和乡村）

（续）

预期目标	短期（2021—2022 年）	中期（2023—2025 年）	长期（2025 年以后）
整车集成方面	实现单车道自动驾驶、基于效率换道、基于导航换道；支持本车道停车或靠边停车的最小风险策略；覆盖典型场景，感知、规划、决策和控制执行能力提升，支持安全预警等车路协同应用	实现单车道自动驾驶、基于效率换道、基于导航换道、自动上下匝道、自动切换高速功能；支持本车道停车、靠边停车或安全区域停车的最小风险策略；主要长尾场景基本覆盖；感知、规划、决策和控制执行能力进一步提升；支持部分车路协同感知应用，智能化、网联化开始融合发展，V2X 信息作为车辆感知与决策的有效补充	实现单车道自动驾驶、基于效率换道、基于导航换道、自动上下匝道、自动切换高速；支持本车道停车、靠边停车、安全区域停车的最小风险策略；长尾场景全覆盖；感知、规划、决策和控制执行能力成熟，支持网联式协同决策与控制
基础设施支撑方面	高精地图覆盖大部分高速公路和城市快速路，地图季度更新，部分动态信息接入；RTK 覆盖大部分应用区域；关键道路基础设施规范化，路侧设备网络建设面向车联网先导区典型高速和城市快速路段建设，形成示范效应	高精地图覆盖全部高速公路和城市快速路，地图月更新或周更新，全部动态信息接入；在桥梁、隧道等特殊区域，增加信号、增强设备；道路基础设施进一步完善和标准化；路侧设备网络建设向重点省市的核心高速公路拓展，探索规模化建设和应用模式	高精地图覆盖全部高速公路和城市快速路，地图周更新，部分区域日更新或实时更新；保证全网全覆盖的 RTK 信号强度；道路基础设施实现规范化，道路维护及时化；车路协同智慧高速建设运营形成可复制模板，向各省市高速公路全面辐射
人员需求方面	确保驾驶人在位并随时准备接管	确保驾驶人在位并具备在一定时间内（8～10s）快速接管的能力	允许后备驾驶人远程接管车辆，车辆支持安全区域停车

4.4   客车自动驾驶应用路线图

4.4.1   场景描述与特征

1. 专用车道快速公交自动驾驶场景

自动驾驶专用车道快速公交是指搭载先进的车载传感器、控制执行器等装置，融合现代通信与网络、人工智能等技术，在城市 BRT 专用车道上，具备自主巡航、精确进站、前向自动紧急制动等功能的新一代公交。同时，基于 C-V2X 通信技术，具备信号灯协同、盲区预警等功能，能够自动按照设定的路线完成乘客的接驳和运输，实现有条件自动驾驶，并保证行驶安全。

典型特征：

1）需要在城市 BRT 专用车道上运行。

2）驾驶员必须主动激活系统，但不必一直监视系统。

3）驾驶员可以在任何时候接管系统。

4）当系统向驾驶员发出接管请求时，驾驶员需响应系统请求，如果驾驶员无响应，则系统应适时执行风险减缓策略。

2. 通勤客车自动驾驶场景描述与特征

自动驾驶微循环客车是在封闭园区、景区或区域性城市道路内，能够实现可行驶区域、交通参与者的意图识别，具备自主巡航、自主进出站、自主换道、动态避障、AVP 等功能，实现限定区域通勤接驳以及约车功能的高度自动驾驶客车。

典型特征如下：

1）在设计运行范围内该系统可自主激活，不需要用户监控。

2）行程开始后，车辆自主完成全部驾驶任务。

3）当系统无法完成驾驶任务时，系统可自动达到最小风险状态并通知云端，远程驾驶员可自行选择接管。

4.4.2   主要问题与挑战

自动驾驶客车运营场景相对简单，但部署自动驾驶客车应用仍有一定的挑战性，具体如下。

1. 道路测试政策较为谨慎，国家层面暂不允许无安全员测试与商业收费

我国道路测试管理较为保守，针对载人数量较多的自动驾驶客车缺乏营运许

可的依据。虽然部分城市已经允许载人载物测试并颁发道路经营许可证，允许商业收费，但该行为缺乏上位法支撑。《智能网联汽车道路测试与示范应用管理规范（试行）》（工信部联通装［2021］97 号）中要求，车辆在道路测试及示范应用过程中，不得非法从事道路运输经营活动，不得搭载危险货物；《道路运输条例》也不允许自动驾驶车辆进行商业运营。现有政策有待突破，以促进自动驾驶形成商业闭环。此外，自动驾驶客车发生交通事故时，其责任归属及保险赔付等问题尚待商议解决。

2. 封闭测试机制落后，各地路测暂未统一

传统的测试规程和机制无法满足自动驾驶测试需求，新型测试模式、测试主体没有认证资质，需要打破界限，重新解决资质问题。测试场景考核严格，各地路测牌照暂未统一互认，且各地标准不一，企业成本负担大，难以支撑多地多场景测试。

3. 城市道路智能化设施覆盖度低

路侧基础设施涉及种类多、行业广、投资规模大，当前部分城市或高速路段进行的局部道路智能化改造，仅服务于示范项目内的车辆，存在车载终端渗透率低、路侧设施建设密度低，车路协同信号优先系统、盲区检测系统等覆盖度不足等问题，无法支撑全时空、全要素的道路交通信息感知，难以支撑自动驾驶客车的落地。

4. 自动驾驶车辆及系统短时间内难以满足功能安全和预期功能安全要求

由于自动驾驶客车是城市大容量运输工具，对乘客的生命安全需要有绝对的保障。其整车、自动驾驶系统需要满足很高的功能安全和预期功能安全要求，从而保证自动驾驶系统在遇到故障时依然能够保证行驶安全。目前，从整车到系统的技术方案还不成熟，短期内难以满足功能安全和预期功能安全要求，且实现成本较高。此外，客车如果完全按照国际上关于功能安全或预期功能安全的标准法规要求进行产品级认证，则需要巨大的研发投入，增大客车企业经营压力。

5. 自动驾驶对复杂场景应对能力存在不足，长尾效应明显

自动驾驶系统需要具备解决突发现象的能力，以保证乘客及车辆的安全。目前，系统虽可处理大部分常规问题，但剩下的长尾场景影响巨大，需要花费长时间解决。高精度定位作为自动驾驶汽车规划道路行驶路径的重要基础，预计在2025 年以后，在 L4 级及以上的自动驾驶系统中，需要实现全工况定位，车道级导航（车道识别和道路匹配）的准确率要求横向位置精度达到 10cm，纵向位置

精度达到 10cm。但是在实际应用中,高精度定位容易受电子干扰和环境变化的影响,高精度定位系统的准确度和稳定性受到极大挑战。对于复杂的场景,比如长隧道、停车场、城市高架桥下或城市复杂路口等,高精度定位可能无效,视觉语义信息较少,就需要融合更丰富的定位手段。

6. 新商业模式尚未清晰

现阶段自动驾驶客车的商业模式和传统客车大体相同。从主机厂、公交公司以及第三方租赁商角度来说,主机厂主要业务是负责自动驾驶客车的整体生产和研发环节,所生产的自动驾驶客车可以售卖给客户,也可以自己负责部分运营;公交公司和第三方租赁商主要是购买车辆后进行运营盈利。当前,自动驾驶客车以通勤、网约体验为主,虽然部分地区允许开展收费的商业探索,但国家方面仍未允许从事经营活动,在此背景下,如何针对现实的运营环境,建立合理、便捷、可靠的票务系统,服务好乘客的同时完成商业模式探索,仍是一项挑战。

4.4.3 预期目标

4.4.3.1 专用车道快速公交自动驾驶场景

1. 短期(2021—2022 年)

应用普及方面:在公交专用车道开展示范运营,实现运行全程自动驾驶,开展车路协同示范。

适应场景方面:适应天气良好、交通简单顺畅、道路标线清晰等场景。

人员需求方面:车内需有驾驶员。

2. 中期(2023—2025 年)

应用普及方面:在公交专用车道场景商业化应用推广项目不少于 30 个,推广城市不少于 10 个,车路协同技术可支持 L4 级自动驾驶。

适应场景方面:适应大雨、大雾等恶劣天气,适应道路标线清晰的密集交通流。

人员需求方面:车内需有驾驶员。

3. 长期(2025 年以后)

应用普及方面:国内有 BRT 线路的城市智能网联公交覆盖率达到 100%。

适应场景方面:运行区域扩大至城市开放道路。

人员需求方面:车内无需驾驶员,但仍需安全员。

4.4.3.2　通勤客车自动驾驶场景

1. 短期（2021—2022 年）

应用普及方面：在科技园区、景区、高校、工业厂区、产业新城中示范运营，实现运行全程自动驾驶。

适应场景方面：适应封闭园区、景区、区域性开放道路，适应天气良好、交通简单顺畅、道路标线清晰等场景。

人员需求方面：车内需有安全员。

2. 中期（2023—2025 年）

应用普及方面：在科技园区、景区、高校、工业厂区、产业新城通勤接驳市场渗透率达到 10%。

适应场景方面：适应封闭园区、景区、区域性开放道路，适应暴雨、大雾等恶劣天气，适应密集交通流、道路标线清晰等场景。

人员需求方面：车内中近程无需安全员、远程需有安全员。

3. 长期（2025 年以后）

应用普及方面：在科技园区、景区、高校、工业厂区、产业新城通勤接驳市场渗透率超过 50%。

适应场景方面：适应各类恶劣天气，适应区域内各类道路。

人员需求方面：无需安全员。

4.4.4　实现路径

为实现以上预期发展目标，分别需要从技术路线、测试验证、政策法规、标准规范、数据规范、商业模式六个方面推动，具体如下。

1. 技术路线

基于我国通信产业的发展优势，发挥我国体制机制优势，依托规模部署网联化基础设施，以网联化技术弥补单车智能方面的劣势，以智能化和网联化融合的发展路径，推动产业整体快速发展。同时，发展多源信息融合技术、车辆协同控制技术、数据安全及平台软件、人机交互与共驾技术，加快相关关键零部件和关键技术的发展。

2. 测试验证

建议开放"自动驾驶封闭场地测试基地"资质，向更多符合设计、运营规范的测试场地授予自动驾驶测试认证资质，增加封闭式、半开放式场景测试数量及功能。开放公共道路测试路段，给予自动驾驶客车一定路权，促进技术迭代。推动全国道路测试牌照互认，建立统一的道路测试考核标准，企业获得一次测试牌照后，经过简易程序获得异地道路测试许可，避免重复测试产生的成本和资源浪费，减轻自动驾驶企业负担。

3. 政策法规

全面梳理相关法律法规、部门规章和标准，针对自动驾驶客车发展存在的空白或制约或不适用的条款，深入开展研究工作，为自动驾驶客车研发推广，提供驾驶员认定、车辆注册登记、上路行驶、信息安全、刑事、民事、保险等多方面的法律法规保障。对自动驾驶客车的测试、准入和运营管理环节，有序推进相关立法工作，完善法律法规支撑体系。适当放开自动驾驶公共交通领域的法规限制，鼓励有条件的省市先试先行，颁发、实施自动驾驶客车地方政策标准，允许高等级自动驾驶客车合法上路，开展商业化示范应用，为自动驾驶客车的技术应用和产业布局提供法规和政策保障。在功能安全认证方面，简化相关流程（包括研发等全流程）的要求，减轻企业研发压力。

4. 标准规范

加快制定自动驾驶客车相关技术标准，推进智能驾驶系统、传感系统、车载终端、车联网通信协议、测试评价以及其他智能驾驶技术等方面标准的建设。借助智慧城市建设、道路基础设施改造升级的机会，加快公共交通路侧基础设施数字化升级，推动基础设施的数据开放，如交通信号灯、交通管理标识等数据的开放。针对数字化的路侧基础设施，定义统一的数据格式标准，制定互联互通接口和产品规范，加速自动驾驶客车商业化部署。

5. 数据规范

构建可拓展、可共享的数据库架构，实现统一格式存取，满足数据分享便捷性及保密需求，实现跨品牌车辆和跨区域的信息互联互通。建立自动驾驶车辆信息安全能力审查制度，从源头上保障汽车产品具备基本的信息安全防护能力，减少信息安全事故发生。加快检测标准的制定，为信息安全能力审查提供依据。

6. 商业模式

《北京市智能网联汽车政策先行区总体实施方案》提出"鼓励经过充分验证的智能网联汽车在政策先行区率先开展试运行及商业运营服务"，覆盖"自动驾驶出行服务、智能网联公交车、自动驾驶物流车、自主代客泊车等规模化试运行和商业运营服务，支持智能网联企业在商业运营过程中提供收费服务"，这是个有益的开端。建议政府鼓励有条件地区先试先行，允许企业在有条件的地区开展示范运营并收取费用，验证商业模式，为推动自动驾驶客车规模化商用创造条件。

4.4.5　分场景路线图

预计到 2025 年，快速公交逐步由专用车道扩展至城市开放道路，Robobus（L4 级自动驾驶客车）具备区域范围内、密集交通流下无安全员的自动驾驶能力，产品实现规模化应用推广。专用车道快速公交和通勤客车自动驾驶应用路线图详见表 4–4 和表 4–5。

表 4–4　专用车道快速公交自动驾驶应用路线图

预期目标	短期（2021—2022 年）	中期（2023—2025 年）	长期（2025 年以后）
应用普及方面	在公交专用车道开展示范运营，实现运行全程自动驾驶，开展车路协同示范	商业化应用推广项目不少于 30 个，推广城市不少于 10 个；车路协同技术可支持 L4 级自动驾驶	国内有 BRT 线路的城市智能网联公交覆盖率 100%
适应场景方面	天气良好，交通简单顺畅，道路标线清晰	适应大雨、大雾等恶劣天气；适应道路标线清晰的密集交通流	运行区域扩大至城市开放道路
人员需求方面（驾驶员/安全员）	车内需有驾驶员	车内需有驾驶员	车内无需驾驶员，但仍需安全员

表 4–5　通勤客车自动驾驶应用路线图

预期目标	短期（2021—2022 年）	中期（2023—2025 年）	长期（2025 年以后）
应用普及方面	在科技园区、景区、高校、工业厂区、产业新城中示范运营，实现运行全程自动驾驶	在科技园区、景区、高校、工业厂区、产业新城通勤接驳市场渗透率达到 10%	在科技园区、景区、高校、工业厂区、产业新城通勤接驳市场渗透率超过 50%
适应场景方面	封闭园区、景区、区域性开放道路；天气良好，交通简单顺畅，道路标线清晰	封闭园区、景区、区域性开放道路；适应暴雨、大雾等恶劣天气；适应密集交通流，道路标线清晰	适应各类恶劣天气；适应区域内各类道路
人员需求方面（驾驶员/安全员）	车内需有安全员	车内中近程无需安全员、远程有安全员	无需安全员

4.5 货车高速公路自动驾驶应用路线图

4.5.1 场景描述与特征

高速公路自动驾驶货车运输应用作业场景可以粗略划分为装卸载场景、运输场景和作业保障场景。其中，作业保障场景为燃料能源补给、车辆及自动驾驶系统维修养护等。装卸载场景、运输场景和作业保障场景根据行驶区域，可以划分为园区（物流园区、堆场、工厂、港口、货运火车站、机场货运区等）区域、一般城乡道路区域、高速公路区域、服务区区域等。对于队列跟驰，还要涉及队列组成、分离区域等特种区域。从自动驾驶的应用角度出发，需要自动驾驶货车实现货运全流程监控，与叉车、吊车、岸桥等其他工程机械协同作业，与车队管理运营、货运任务规划管理、园区运营管理、车联网等平台的配合，支撑自动驾驶货运的安全运行。

1. 装卸载场景

自动驾驶货运装卸载作业是指空载货车、装卸载设备（挖掘机等）及云控平台间相互配合，实现空载货车、队列进入装卸载点，装卸载设备完成货物的装卸载或空载牵引车完成半挂车交换，货车再驶离作业点的工作流程。在该场景下，货车、装卸载设备、云平台需要明确整个装卸载作业流程（包括可作业区域确认、入场、装卸载、出场等步骤）。货车根据云平台规划的作业任务，结合对周围环境的感知，自动行驶至装卸载区，同时将自车的状态信息和任务信息实时传送至装卸载设备管理平台，平台传送至装卸载设备。同样，装卸载设备也需将状态信息和任务信息实时通过相关平台传送至货车，从而实现高效配合作业。

2. 运输场景

自动驾驶货车根据货运任务平台的任务规划及自主路径规划，结合环境感知信息，在一般城乡及高速道路上自主运行。在行驶过程中，通过车联网技术，实现自动驾驶货车与其他车辆（包括无人/载人车辆）、路侧设备和云平台进行信息交互，提高自车及货物的安全性、可追踪性。

3. 作业保障场景

在作业过程中，云平台会基于定期维护或保养任务及自车系统自检状态，进行相应维护、保养、设备零部件更换，以保障货运业务的安全有效运行。

4.5.2　主要问题与挑战

1. 法律层面不允许自动驾驶车辆在高速公路开展测试

目前，各省市仍对高速公路自动驾驶车辆测试持保守态度，企业难以有针对性地开展高速公路场景测试。

2. 开放自动驾驶道路测试的高速公路路段有限

国内至今正式开放的允许自动驾驶车辆通行的高速公路路段极少，开放的高速公路路段与自动驾驶货运需求脱节现象较为明显。高速公路的开放可以考虑基于测试主体、联合体的商业化方案、测试目标道路现实情况等综合研判，灵活开放测试及示范应用路段。

3. 异地测试结果、牌照互认困难

高速公路自动驾驶货运的主要商业场景集中在以城际、省际运输为代表的中长距离跨地区运输模式。但现有的自动驾驶测试牌照的管理办法无法满足自动驾驶测试车辆的高速公路跨省市测试需求。希望能通过颁发自动驾驶测试车辆专用号牌，推进第三方检测机构测试基础科目互认及检测报告互认，推动跨省市高速公路自动驾驶测试的实现。

4. 建议豁免示范应用测试单位的运输运营许可证资质要求

受现行《道路运输条例》约束，参与载人、载货运输运营的单位，需按规定办理运输运营许可证，许可证办理程序要求车辆有正式牌照。而按现行国家管理规范要求，测试车辆只能有临时测试号牌，与此方面法规程序形成冲突。因此，对于开展示范应用的单位，可设立例外程序，对无人驾驶示范应用企业豁免资质要求，或出台针对自动驾驶运输资质的临时运输许可证的政策办法。

5. 测试主体尚未开展收费运营

2021 年发布的《智能网联汽车道路测试与示范应用管理规范（试行）》不允许车辆在道路测试及示范应用过程中，从事道路运输经营活动。建立安全责任机制后，应鼓励测试主体开展载人载货服务收费运营，按实际运营模式向接受服务方约定价格，产生实际营利性收入可有效促进企业加大研发投入，加速催化技术成熟，模式验证后逐步扩大运营规模，实现应用示范。

6. 队列跟驰在测试上缺少相应的法律法规支持

队列跟驰是高速公路自动驾驶货运的重要组成部分，美欧日等均在高速公路

上测试过相关技术。在我国，队列跟驰的主要测试仍然集中在封闭区域，队列跟驰的相关测试管理办法、技术标准仍处在缺位状态。在队列跟驰实践中，现有法律法规对行驶中车间安全距离的要求也对队列跟驰的近距离跟车测试有很大的限制。

4.5.3 预期目标

1. 短期 (2021—2022 年)

应用普及方面：可以实现在 5 条跨省市高速公路干线的中长距离自动驾驶货运示范应用；高速公路自动驾驶货运可以承担特定区域高速公路干线运输中 5% 的货运量。

整车集成方面：自动驾驶企业与主机厂共同发力，开始探索前装量产方案。

基础设施支撑方面：通过自动驾驶货运在高速公路的覆盖，明确自动驾驶高速公路货运对车路协同 80% 的共性真实需求。

人员需求方面：实现在特定区域高速公路完成试点无人驾驶高速公路货运示范应用。

针对队列跟驰技术：可以实现在特定高速公路上进行高速公路队列跟驰道路测试，后车需有车内安全员。

2. 中期 (2023—2025 年)

应用普及方面：力争自动驾驶货运实现对高速公路主要干线的基本覆盖，示范应用进一步覆盖到省市级主要支线高速公路；高速公路自动驾驶货运可以承担已覆盖高速公路干线运输中 20% 的货运量。

整车集成方面：前装量产方案与后装改造方案共存。

基础设施支撑方面：基于较明确的自动驾驶高速公路货运需求，主干线高速公路完成相应基础设施及平台建设，对自动驾驶高速公路货运的成本降低及效率提升有较明确的帮助，力争产生 10% 的货运成本降低及 10% 的效率提升。

人员需求方面：在数条特定中长距离高速公路上实现无人驾驶高速公路货运示范应用。

针对队列跟驰技术：高速公路队列跟驰可以实现在数条特定高速公路上的跟随车无人驾驶、先导车有人驾驶的示范应用。

3. 长期 (2025 年以后)

应用普及方面：力争高速公路自动驾驶货运基本覆盖全国主要干线高速公路及主要省市的支线高速公路；高速公路自动驾驶货运可以承担已覆盖高速公路干

线运输中 80% 的货运量。

整车集成方面：前装自动驾驶车辆设计生产符合国家智能网联汽车标准体系，达到高安全性、高一致性、高稳定性水平。

基础设施支撑方面：车路协同基础设施随着自动驾驶高速公路货运从骨干高速网络向支线网络扩张，进一步覆盖至主要省市高速公路网及物流枢纽。

人员需求方面：在主要干线高速公路上实现无人驾驶高速公路货运应用。

针对队列跟驰技术：高速公路队列跟驰可以实现在数条特定高速公路上的跟随车无人驾驶、先导车有人驾驶的示范应用，逐步进入商业化应用，并基于示范应用成果，明确对基础设施改造工作的需求。

4.5.4　实现路径

1. 政策法规

目前，智能网联汽车测试在国家层面未形成正式的法规或条例，均是各地政府发布相关管理办法和实施细则，受制于此，对自动驾驶汽车道路测试、应用中出现的道路交通事故，普遍寻求在现行法律框架范围内进行事故责任的判定和处理。作为参考，英国正在进行相应的法律突破，有积极的参考意义：英国政府法律专家提出了一项提案，建议当全自动驾驶汽车或具备自动驾驶能力的汽车行驶在英国道路上时，将驾驶人重命名为"负责人"，如果发生撞车事故，将不承担刑事责任。英国政府与有关专家正在设计一个全新的框架，以重新对自动驾驶汽车在公开道路行驶的法律责任进行制定，预计在几年内完成。该提案称，目前被视为驾驶犯罪甚至致命事故的责任，应从驾驶人转移到车辆或其软件制造商，这将有助于鼓励汽车制造商在开发推广自动驾驶系统功能时更加谨慎。

2. 测试验证

在商业化应用推进方面，美国、欧洲、日本等均走在了前面。美国除加州等少数州需要进行测试牌照申请外，多数州对包括自动驾驶货车在内的自动驾驶测试及应用持开放态度，美国自动驾驶政策环境相对开放，弱化监管、重视追责的机制促使自动驾驶企业可以根据自身的实际情况，在大范围区域开展测试或商业运营。亚利桑那州是美国境内对自动驾驶开放程度最高的州之一。依据亚利桑那州州长关于无人驾驶测试的行政命令，自动驾驶企业需获得"执法互动计划"的批准，并按程序获得亚利桑那州交通部和公共安全部的批准。"执法互动计划"的内容包括自动驾驶企业向执法部门、消防部门和紧急医疗人员等提供信息，并指示这些机构如何在紧急情况和交通执法情况下与车辆互动。众多企业在美国开展了从道路测试到准商业化应用，从区域内到跨州测试的尝试与探索。在欧洲，以政府＋主机厂为主要推动力，开展了一系列的自动驾驶干线物流、队列跟驰测试工作。日本也于近期由国土交通省及经济产业省委托丰田通商牵头，完成了高速公路追随车无人状态下的队列跟驰测试。国内自动驾驶干线物流领域的相关测试工作，由于各省市间的测试牌照互认等工作进展较为缓慢，现阶段依然集中在单一省市、单一区域内的测试或示范应用，无法形成规模化应用及长距离跨省应用，对国内自动驾驶干线物流造成了较为严重的制约。参考海外的成功发展经验，急需顶层规划，而不是各地先行先试来解决这一现实困境。

3. 社会认知

自动驾驶干线物流在应用过程中会涉及园区、一般道路、高速公路等复杂场景，其中，高速公路部分的总里程占比非常高，而其中涉及的一般道路受物流相关枢纽所在区位的影响，一般是远离城市核心区域的，因此近年来，自动驾驶干线物流越来越多的被认为是可能最早实现商业化规模应用的自动驾驶应用方向。

4. 标准规范

加快系列标准/规范制定，从实际需求出发，由相关组织机构召集，由高速公路自动驾驶货运测试运营企业牵头，基于测试运营成果，联合主机厂、一级供应商（Tier1）、货运物流企业、高校等单位开展团体标准和行业标准的制定，并进一步开展国家标准的制定。

5. 技术路线

现阶段，高速公路自动驾驶货车的主流技术实现方式是以单车智能为基础的，也是至今被验证最多的一种技术路线。另外一条技术路线是车路协同、车联网，相应的测试区或者示范区在全国普遍发展，但是现阶段仍然停留在技术验证阶段，大规模的商业化、示范效益的应用推广目前仍然存在技术验证不足、需求验证不足、没有形成切实可行的商业化模式等问题。

下一阶段，为实现自动驾驶车路协同，提升系统整体智能化程度及安全性，需要进一步开展基于真实业务场景的高速公路自动驾驶车路协同货运验证工作，明确什么样的车路协同是自动驾驶货运从业务、成本控制、效率提升上真正需要的，哪些是不能产生效益、无法商业化的"伪需求"，最终通过车路云协同一体化，实现可以产生效益及社会价值的高速公路运输无人化。

4.5.5 分场景路线图

货车高速公路自动驾驶应用路线图详见表4-6。

表 4 – 6　货车高速公路自动驾驶应用路线图

预期目标	短期（2021—2022 年）	中期（2023—2025 年）	长期（2025 年以后）
应用普及方面	可以实现在 5 条跨省市高速公路干线的中长距离自动驾驶货运示范应用；高速公路自动驾驶货运可以承担特定区域高速公路干线运输中 5% 的货运量	力争使自动驾驶货运实现对高速公路主要干线的基本覆盖，示范应用进一步覆盖到省市级主要支线高速公路；高速公路自动驾驶货运可以承担已覆盖高速公路干线运输中 20% 的货运量	力争高速公路自动驾驶货运基本覆盖全国主要干线高速公路及主要省市的支线高速公路；高速公路自动驾驶货运可以承担已覆盖高速公路干线运输中 80% 的货运量
整车集成方面	自动驾驶企业与主机厂共同发力，开始探索前装量产方案	前装量产方案与后装改造方案共存	前装自动驾驶车辆设计生产符合国家智能网联汽车标准体系，达到高安全性、高一致性、高稳定性水平
基础设施支撑方面	通过自动驾驶货运在高速公路的覆盖，明确自动驾驶高速公路货运对车路协同 80% 的共性真实需求	基于较明确的自动驾驶高速公路货运需求，主干线高速公路完成相应基础设施及平台建设，对自动驾驶高速公路货运的成本降低及效率的提升有较明确的帮助，力争产生 10% 的货运成本降低及 10% 的效率提升	车路协同基础设施随着自动驾驶高速公路货运从骨干高速网络向支线网络的扩张，进一步覆盖至主要省市高速公路网及物流枢纽
人员需求方面	实现在特定区域高速公路完成试点无人驾驶高速公路货运示范应用	在数条特定中长距离高速公路上实现无人驾驶高速公路货运示范应用	在主要干线高速公路上实现无人驾驶高速公路货运应用
队列跟驰方面	可以实现在特定高速公路上进行高速公路队列跟驰道路测试，后车需有车内安全员	高速公路队列跟驰可以实现在数条特定高速公路上的跟随车无人驾驶、先导车有人驾驶的示范应用	高速公路队列跟驰可在数条特定高速公路上跟随车无人驾驶、先导车有人驾驶的示范应用，逐步进入商业化应用

4.6 场内货运应用路线图

4.6.1 场景描述与特征

场内货运生产作业场景是一个周期往返的运输过程，完整的运输过程包括装载、行驶、卸载。所有作业车辆都由中心化的作业系统进行调度，即每一辆车的每一趟运输过程都通过场内作业调度系统从全局任务效率优化的角度，进行装卸地点、装卸时间范围、行驶路径的分配。在生产作业场景以外，还有一些车辆的充电（加油）、泊车、进入维修保养站等保障场景。

1. 装载场景

空载车辆根据作业系统的指令，行驶到装货地点，根据具体装货要求，进入指定位置停靠。如果是人工装货，则停靠位置精度要求不高。如果是机械设备装货，如港口岸桥或者场桥进行集装箱人工或者自动化吊装，则车辆需要有较高的停靠精度，并且能够与吊装设备进行互动或者信息交互，保证装卸货的精准度。装载作业停靠时进入准确位置的时间越短，作业效率越高。通常装载的时候会与其他同时进行装载作业的车辆发生深耦合交互，由于装载区域有限，不合理的车辆交互会引起效率下降。

2. 行驶场景

场内货运所处环境是一个有限封闭或半封闭区域，便于全域统一的道路智能化改造和建设，便于交通实施的快速维护和交通事件的快速处理。在场内货运行驶场景中，具有结构化道路、背景环境单一、几何特征明显特点；同时，行驶起止点较为固定，且行驶路线有限，交通参与者少且简单，行驶车速低。行驶过程中，比较容易引起安全和效率问题的场景：与外来车辆或人员的交互、无信号灯路口的行驶、车辆的并行、超车、会车、跟驰等。此外，对于重载货车，车身尺寸很大，动力学特性复杂，对驾驶技术要求很高。

3. 卸载场景

卸载场景发生在仓库/厂房/堆场/岸桥等地点，相应的布局、货物类型、工艺流程、管理方式等方面存在差异，在实际推广中需要进行针对性的定制。不同场景的货物类型千差万别，需要根据货物类型进行自动驾驶线控底盘的选型，甚至是定制。与装载过程类似，卸载场景也需要车辆具有较高的停车精度和停车效率，也要尽量避免与同时进行卸载作业的车辆发生低效的交互过程。

4. 调度场景

车辆需要接受仓储系统/园区管理系统/工厂生产管理系统/港口操作系统等场内货运作业平台的调度指令，才能启动并完成自身的作业任务；车辆在执行作业任务的同时，也会接到作业平台的实时指令，对当前的作业过程进行动态调整。作业平台需要根据全局作业任务进行静态优化，同时实时采集车辆实时位置与路径，并且要根据当前的实际作业状况和交通状况进行动态的任务和路径调整，以高效完成场内货运作业。这类作业平台可以称为场内货运的云控平台。

5. 保障场景

为了保障场内自动驾驶货运车辆顺利完成任务，需要实现各种保障场景。首先要随时关注车辆的电量或者燃油量，合理安排充电/换电和加油的时机，并提供接口友好的充换电场站和设备；其次，要设定每辆车的保养周期，车辆达到保养日期后将收到保养任务指令且必须进入维修站进行保养；再次，作业平台会实时采集车辆工况，发现车辆不能正常工作或存在故障隐患时，及时启动应急机制；最后，为保障货运车辆完全无人化运行，需要通过高可靠、低时延的无线通信网络实现车辆的远程驾驶控制。

4.6.2　主要问题与挑战

1. 成本问题

场内货运存在很多细分场景，通用性不强，需要根据每个细分场景的需求进行线控底盘的选择和研制、自动驾驶系统的定制开发与长时间技术迭代、自动驾驶车队管理系统的定制开发，前期推广成本较高。为了进行自动驾驶技术应用的探索，可以在多个场景不计成本地进行测试验证。可一旦涉及落地应用，面对一些对成本敏感且对无人化、自动化需求不高的场景，成本问题会导致用户处于观望状态。

2. 安全员问题

场内货运并非全封闭场景，可能会出现自动驾驶车辆与行人（工作人员）、有人驾驶车辆的交互。为了保证自动驾驶车辆与行人或有人驾驶车辆混行时的安全性，也为了保证发生事故时能够直接引用现有法规进行处理，大多数情况下仍然需要配置车上安全员。然而，只有实现完全无人驾驶，才能真正满足场内货运用户对安全、效率、成本的需求。因此，安全员下车成为场内货运商业化的一个必要条件。

3. 效率问题

目前，存在无人驾驶车辆运行效率比人工驾驶车辆低的问题。从安全角度出发，自动驾驶系统的设计和设置比较保守，导致同样的作业路径，无人驾驶车辆较人工驾驶车辆费时较多，如：在直道、会车、并行等行驶过程中都比人工驾驶车辆行驶速度低；从行驶策略角度，如超车、插队、借道等，自动驾驶都尽量避免，也造成更多的行驶等待；无人驾驶车辆与有人驾驶车辆混行时，无人驾驶车辆往往会进行保守度较高的防御性驾驶来避让有人驾驶车辆，从而增加等待时间。此外，无人驾驶车辆以车队编组进行作业时，或者无人驾驶车辆与有人驾驶车辆进行混编作业时，目前缺乏以全局视角进行交通优化的云控平台和以全局视角进行作业优化的车辆调度平台，整个无人驾驶车队的运营效率有较大的提升空间。

4. 标准化问题

目前看来，大多数场内货运场景还是以零散测试为主，缺少技术、测试、管理等方面的标准化。例如：缺少科学合理的运行操作流程和管理办法，导致用户对自动驾驶的安全感和信任感不强；缺少高效的运行管理平台和运营规范，导致无人驾驶车辆作业效率低于有人驾驶车辆，造成了用户接受度低；缺少车辆线控底盘的标准，导致自动驾驶系统与线控底盘的适配费时费力；缺少自动驾驶系统的标准，同时缺少相关的测试规范，导致技术一致性差，阻碍了规模化推广应用。

4.6.3　预期目标

1. 短期（2021—2022 年）

应用普及方面：国内将有 50 个以上场内货运用户开始进行自动驾驶测试和示范运营；有意愿采用场内货运自动驾驶系统的用户逐渐增多。其中，正式运营的自动化码头数量不少于 20 个，无人集卡投放量不少于 500 辆，成熟案例情况下运营效率接近人工集卡。

整车集成方面：适应场内货运的线控底盘逐渐成熟，自动驾驶传感器布设方案基本成熟，单一车厂的线控底盘年交货量超过 100 台；智能平板车作为新型港口专用车型进入港口测试。

基础设施支撑方面：5G 通信环境初步搭建，可以用于智能车辆远程控制；形成能够与场内作业系统对接的车队管理系统。

人员需求方面：全封闭场景下，可以实现完全无人的自动驾驶；存在与外部车辆或人员交互的半封闭场景下，车上需要安全员或远程监控。

2. 中期（2023—2025 年）

应用普及方面：国内将有 100 个以上的场内货运用户、3000 辆以上自动驾驶车辆常态化运营，形成无人驾驶场内货运的头部企业。其中，智能集卡在各港口大幅应用，自动化码头数量不少于 50 个，智能集卡投放量不少于 2000 辆；智能集卡在封闭环境下具备完全无人驾驶以及 $7 \times 24h$ 作业能力，成熟案例情况下运营作业效率比人工效率高 10%。

整车集成方面：自动驾驶车辆逐渐形成线控底盘与自动驾驶系统的一体化集成设计；无人驾驶场内货运专用车辆的产业链初具规模。智能平板车作为港口专用车开始商业投放，比例逐年增加。

基础设施支撑方面：为场内货运保驾护航的 5G 通信网已经成熟应用；车队管理系统与场内作业系统完全融合，可以高效完成场内货运作业。

人员需求方面：开始测试完全无人驾驶车辆与有人驾驶车辆混合作业；投入使用无人驾驶场内货物专用搬运车辆的效益逐渐显现。在去安全员方面，出台国家政策、管理规范和安全运行要求。

3. 长期（2025—2030 年）

应用普及方面：场内货运自动驾驶技术广泛应用，出现盈利较好的无人场内货运专业运营龙头企业。其中，国内重点码头全部实现无人化，效率提升 30%以上，人工成本降低 70%以上。

整车集成方面：形成专用于场内货运的自动驾驶车辆，每类细分的场内货运都有适合自身场景和业务特征的自动驾驶车辆。

基础设施支撑方面：建设完成国际领先的场内货运通信网络基础设施和平台，自动驾驶安全保障能力全面提升，在智能网联创新应用行业形成创新引领能力。

人员需求方面：完全无人驾驶在场内货运场景比较常见，并且可以与有人驾驶车辆混合作业。

4.6.4　实现路径

1. 技术路线

针对成本问题：与国内外车辆底盘供应商调研合作，推动各场景下线控底盘的选型和研制工作；推动产业链上游力量研发形成通用性自动驾驶开发平台和工具链，以帮助自动驾驶科技公司低成本地实现场内货运自动驾驶系统开发和应用。

针对安全问题：通过大量测试和示范应用，积极建设预期功能安全场景库，促进场内货运预期功能安全测试评价体系的构建，尽快完善场内货运自动驾驶系统的安全体系，确保安全员下车后的可靠高效运行。此外，要搭建高可靠、低时延、大带宽的无线通信网络，为场内自动驾驶提供作业现场多路车载高清视频实时回传和远程驾驶控制管道，为场内货运自动驾驶的安全提供冗余。

针对效率问题：建立与场内货运作业系统有机融合的车队管理系统，综合考虑整个场内货运作业情况，开发最优化自动驾驶车队任务编组调度算法，提高自动驾驶车辆的整体运营效率；开发自动驾驶车辆与场内作业自动化设备的交互接口和指令，提高自动驾驶车辆单车作业效率；完善场内 V2X 系统，搭建场内货运云控平台，提高场内整体交通运行效率。具体包括以下三方面。

1）部署路侧感知设备，搭建云控平台，通过自动驾驶车辆和路侧设备同时采集道路交通状况，实现对整个作业区环境感知的全域覆盖。在云控平台部署交通流优化算法，以全局交通流最优进行实时计算，通过速度诱导和换道诱导实现对有人驾驶车辆和无人驾驶车辆的驾驶行为的统一管控，并通过场内实时监控对不遵守诱导的车辆进行处罚。

2）事先对场内道路进行分析研究，如进行不同载重的车辆动力学分析和不同道路路面、曲率半径等分析，对道路限速进行差异化分割，在特定交通场景和特定载重场景下提高特定车辆和特定路段的限速。同时，通过云控平台的指引，精细化提高自动驾驶车辆的行驶速度。此外，通过云控平台的全局视角和预见性感知，诱导自动驾驶车辆在遇到障碍物时能够借道绕行。

3）在云控平台部署专门针对自动驾驶车辆的作业调度算法，由于现有场内货运的车辆作业调度系统是服务于传统有人驾驶车辆的，呈现粗放性，不具有精细化和实时调度能力。通过开发和优化基于云控平台的自动驾驶作业调度算法，对自动驾驶车辆行驶路径进行精确规划，并能够实时动态调整作业任务时间，最终提高自动驾驶车辆的运行效率。

2. 测试验证

自动驾驶企业、主机厂、用户联合权威检测机构，在实际作业测试和示范应用中积累并完善场景库，制订周密的场内货运自动驾驶测试方案，根据真实场内货运业务流程搭建模拟检测环境。在安全性方面，要针对多种极端的安全性场景进行测试验证，并实行自动驾驶车辆的第三方检测准入模式；在效率方面，可在真实作业环境中专门开辟特定区域，验证全天候、全天时的自动驾驶单车运行效率，并验证自动驾驶车辆整体运营效率。

3. 政策法规

鼓励场内货运领域实现高级别自动驾驶，不仅有助于场内货运行业自身的发展，也能提高公众对自动驾驶的接受度。为此，国家或地方政府机构有必要出台场内货运自动驾驶相关的鼓励政策，引导自动驾驶技术进入场内货运领域，例如，为采用无人驾驶的场内货运用户提供补贴，为场内货运的无人驾驶车辆制定明确的保险法规，为场内货运的无人驾驶车辆制定明确的交通事故处理方式，建立场内货运自动驾驶示范区等；同时，也需要行业主管部门、交通管理部门组织用户与自动驾驶技术提供商进行共同研究和论证，制定一系列场内货运无人驾驶法规，引导自动驾驶技术在场内货运领域的可持续发展，包括场内货运无人驾驶作业安全管理办法、场内货运无人驾驶安全运行操作规程、场内货运无人驾驶事故处理办法等。

4. 标准规范

针对智能网联自动驾驶在场内货运领域应用中存在用户观望多、技术水平参差不齐、效率与安全不明朗、可复制能力差的问题，该领域内的自动驾驶企业应该联合起来并会同用户，积极建立完善的场内货运自动驾驶标准体系。首先，通过场内货运全流程作业的标准化，可以让用户更容易理解自动驾驶技术的应用方案，并且更愿意信任自动驾驶的落地应用；其次，通过全流程、全链条的标准化，可以倒逼相关产业链条和技术链条的企业进行技术改进和创新，促进技术成熟；再次，通过技术、作业工艺和管理的标准化，能够保证自动驾驶运行的效率与安全的可量化、可评价；最后，通过实施方案标准化，可以保证自动驾驶从小范围示范应用向大范围、规模化应用进行推广复制的效率和质量。

针对场内货运，需要建立的自动驾驶标准体系如下。

1）自动驾驶车辆底盘技术标准，包括底盘控制技术指标、功能安全要求、测试方法等。

2）自动驾驶系统技术标准，包括自动驾驶技术指标、异常处理方法、功能安全要求、预期功能安全要求、信息安全要求、测试方法等。

3）自动驾驶车辆与外部系统接口的标准规范，包括自动驾驶车辆与车队管理系统、场内作业设备、场内作业系统之间的通信协议、数据交互内容、数据交互格式。

4）运行规范，包括场内运行作业流程（特别是在与普通车辆、作业人员以及设备混合共同完成作业时）的标准规范和相应的安全管理办法。

5. 数据规范

一方面，自动驾驶技术在很大程度上是通过数据进行驱动的，为了促进场内货运领域的自动驾驶技术尽快进入实用环节，应针对场内货运的每种场景，建立规范化的感知数据集和测试场景数据库；另一方面，与有人驾驶车辆相比，自动驾驶车辆运行过程更需要全面的监控，从而在安全问题或者效率问题产生时找到问题所在，因此要建立自动驾驶运行监控数据规范，明确需要监控的动态数据内容。

6. 商业模式

自动驾驶作为一种新型技术，降低其应用成本、提高其安全与效率、实现其落地应用和不断发展，不仅仅依靠技术的迭代驱动，更需要有商业模式驱动。通过平衡协调多方利益，形成真实落地的商业模式，才能推动自动驾驶的创新应用。自动驾驶在场内货运的商业模式可以从如下三方面进行探索。

1）自动驾驶企业向场内货运用户销售自动驾驶产品，包括自动驾驶车辆和车队管理系统，由用户进行自动驾驶场内货运运营，由自动驾驶企业提供售后技术支持。

2）自动驾驶企业与场内货运用户成立合资公司，进行自动驾驶车辆的研发和生产，并共同运营自动驾驶车辆。

3）自动驾驶企业购买自动驾驶车辆并提供运营服务，场内货运用户租用其自动驾驶车辆并购买运营服务。

7. 社会认知

在场内货运领域，自动驾驶代替人工驾驶的主要目的是提高安全性、提高效率、降低人工成本。要提高社会对场内货运自动驾驶的认知，就必须通过政府力量和资本力量搭建试点示范区并进行常态化运行，通过长期的历史数据统计分析比较，为用户展示自动驾驶在场内货运领域应用后获得的良好收益，从而得到场内货运用户的认可。

4.6.5　分场景路线图

场内货运应用路线图详见表4-7。

表 4 - 7　场内货运应用路线图

预期目标	短期（2021—2022 年）	中期（2023—2025 年）	长期（2025 年以后）
应用普及方面	国内将有 50 个以上场内货运用户开始进行自动驾驶测试和示范运营；有意愿采用场内货运自动驾驶系统的用户逐渐增多。其中，正式运营的自动化码头数量不少于 20 个，无人集卡投放量不少于 500 辆	国内将有 100 个以上的场内货运用户、3000 辆以上自动驾驶车辆常态化运营，形成无人驾驶场内货运的头部企业。其中，智能集卡在各港口大量应用，自动化码头数量不少于 50 个，智能集卡投放量不少于 2000 辆；智能集卡在封闭环境下具备完全无人驾驶以及 7 × 24h 作业能力，成熟案例情况下运营作业效率比人工效率高 10%	场内货运自动驾驶技术广泛应用，出现盈利较好的无人场内货运专业运营龙头企业；其中，国内重点码头全部实现无人化，效率提升 30% 以上，人工成本降低 70% 以上
整车集成方面	适应场内货运的线控底盘逐渐成熟，自动驾驶传感器布设方案基本成熟，单一车厂的线控底盘年交货量超过 100 台；智能平板车作为新型港口专用车型进入港口测试	自动驾驶车辆逐渐形成线控底盘与自动驾驶系统的一体化集成设计；无人驾驶场内货运专用车辆的产业链初具规模。智能平板车作为港口专用车开始商业投放，比例逐年增加	形成专用于场内货运的自动驾驶车辆，每类细分的场内货运都有适合自身场景和业务特征的自动驾驶车辆
基础设施支撑方面	5G 通信环境初步搭建，可以用于智能车辆远程控制；形成能够与场内作业系统对接的车队管理系统	为场内货运保驾护航的 5G 通信网已经成熟应用；车队管理系统与场内作业系统完全融合，可以高效完成场内货运作业	建设完成国际领先的场内货运通信网络基础设施和平台，自动驾驶安全保障能力全面提升，在智能网联创新应用行业形成创新引领能力
人员需求方面	全封闭场景下，可以实现完全无人的自动驾驶，存在与外部车辆或人员交互的半封闭场景下，车上需要安全员或远程监控	开始测试完全无人驾驶车辆与有人驾驶车辆混合作业；投入使用无人驾驶场内货物专用搬运车辆的效益逐渐显现。在去安全员方面，出台国家政策、管理规范和安全运行要求	完全无人驾驶在场内货运场景比较常见，并且可以与有人驾驶车辆混合作业

4.7 矿山运输应用路线图

4.7.1 场景描述与特征

矿山作业场景的基本生产作业流程可分为钻、爆、采、运、排。依据采、运、排，将矿山自动驾驶应用作业场景划分为装载、运输、卸载 3 个作业场景和作业保障场景。其中，作业保障场景为加油补水、维修保养等，用以支撑矿山作业。从自动驾驶的应用角度出发，需要矿卡实现远程遥控驾驶、矿卡与其他工程机械之间协同作业、矿卡规划行驶路径等应用，支撑自动驾驶的安全运行。

1. 装载作业场景

自动驾驶装载作业是指空载矿卡、装载设备（挖掘机等）以及云平台间通过 5G、LTE-V2X 等技术相互配合，实现空载矿卡依次进入装载点、挖掘设备装载货物、矿卡再依次驶离作业点的工作流程。在该场景下，矿卡、挖掘设备、云平台需要明确整个装载协作流程（包括协同入场、装载、出场等步骤）。矿卡根据云平台规划的路径和作业任务，结合对周围环境的感知，自动行驶至装载区，同时将自车的实时状态信息（包括位置、速度、方向、加速度等）和任务信息实时发送至装载设备。同样，装载设备也需将自身的位置、朝向等信息发送至矿卡，从而实现高效配合作业。如果发现异常情况（例如出现无法避开的路障），则矿卡紧急制动，并进入远程接管流程，给挖掘机、周围车辆和云平台发送告警信息，以避免危险作业，并由云平台远程接管以脱离困境。

2. 运输作业场景

自动驾驶矿卡根据云平台规划的路径并结合环境感知信息，在矿区道路上自主运行。在行驶过程中，通过 5G、LTE-V2X 网络技术，矿卡与其他车辆（包括无人/载人车辆）、路侧设备和云平台进行信息交互，实现前方碰撞预警、超视距感知等功能，提高行车安全性。在异常情况发生时，矿卡将紧急制动并进入远程接管流程。

3. 卸载作业场景

自动驾驶卸载作业是指通过满载矿卡与卸货设备（推土机等）以及云平台间的相互配合，实现矿卡到达指定卸载点，然后由卸货设备整理物料，矿卡驶离卸载点，并进入下一个"采矿—运输—卸货"作业周期。在这种场景下，矿卡、卸货设备和云平台需要进行通信并明确整个协同卸货流程（包括协同入场、卸货、退出等)。根据路径规划和作业任务,结合对周围环境的感知,矿卡可以自动行驶到卸料区,并将自身的实时状态和任务信息发送给卸货设备,卸货设备也将自己的位置和其他信息发送给矿卡,以实现有效协同。在异常情况下,矿卡将进行紧急制动并进入远程接管流程。

4. 作业保障场景

在作业过程中,云平台会定期安排矿卡的维护或保养任务,以保障矿山业务的有效进行。当矿卡检测到燃油量、冷却液量不足及自身故障时,需要与云平台协调,以及时计划加油和补液任务。矿卡根据云平台规划的路径并结合环境感知信息,自动行驶到相应的作业支持区域,同时周期性对外广播本车的实时状态和任务信息。在异常情况下,矿卡将紧急制动并进入远程接管流程。

4.7.2　主要问题与挑战

目前,无人驾驶在城市等多种场景下面临技术长尾问题、法规伦理问题等,但其在矿山运输场景下的发展不受这些问题约束。虽然目前智慧矿山建设得到很大发展,但在其应用及推广过程中,在矿山运输方法上仍存在以下几方面的问题。

1. 矿山无人驾驶配套作业技术、运输管理水平及设施建设滞后

目前,我国矿山运营体制尚处于传统人工运输模式,运输效率低、安全事故频发且招工难等痛点日益显著,发展自动化、程序化且智能化的无人驾驶运输技术势在必行。无人驾驶运输系统的高效运行需要与智能化开采技术、先进的矿区综合管理水平及畅通的网络通信设备等进行匹配,才能保证无人驾驶矿卡高效运行。与国外相比,目前我国的矿山运输自动化、智能化开采技术还处于单车智能或小规模协同运行阶段,车辆协同作业范围小,协同作业技术较为落后。同时,我国大部分矿区的网络和监控设施不全,矿区内使用的工具多以人工操作为主,往往采用对讲机等传统方式进行位置传输,传输信息效率低、失误多,容易造成车辆协同作业的混乱和冲突。

2. 矿山行业对无人驾驶技术的应用需要一定的接受时间

矿山行业是一种传统资源生产行业,具备一定的保守性,对无人驾驶等新兴技术尚需要一定的接受过渡期。随着人工智能、大数据、5G 通信、云服务等高新技术的快速发展,逐渐与传统行业相融合,并呈现出崭新的产业发展面貌和生产模式,目前国内外以煤炭为主的采矿业最先开始展露出对新思维、新理念的发展兴趣。智慧矿山的发展是对传统矿山生产模式的创造性变革,其中,无人驾驶

运输技术会改变传统的人工采矿运输模式，该技术在矿区的投入应用尚处于起步阶段，各矿山企业对无人驾驶技术尚处于观察期。

3. 5G 通信网络系统建设成本较高

无人驾驶技术与路侧设施、云智能平台之间需利用 5G 低延时、高速率的优势进行网联通信。同时，随着矿区采矿工作面的拓展及延深，工作面对通信网络的覆盖能力要求较高，在经常出现爆破震动、雨雪风沙恶劣天气的矿区环境，对矿区通信建设及通信技术的可靠性要求也较高。从 2019 年起，我国就开始发展基于 5G 的无人驾驶应用技术。目前，5G 网络通信存在基站建设成本较高、覆盖区域小的特点，几乎每 100m 就需要建设 1 个 5G 基站，投入量巨大，且电信运营商设站无法明确收费模式，这对小型矿区无疑也是巨大的投入。

4. 无人驾驶自身核心技术突破难度较大

虽然目前一些矿山已经开展无人驾驶运营管理，但仍存在一定的技术突破难点。首先是矿区多雨雪、风沙及雾霾等恶劣天气，这对车端传感器的稳定性会产生较大影响；其次是多弯道、陡坡的道路环境，矿车载重大，对矿车自身线控底盘和控制算法的精度要求较高；最后是矿山的规模化运输性质需要群车协同高效运行，这对车辆协同运行决策及控制算法提出了更高的要求。

5. 各类无人驾驶产业资源分散

目前，矿山无人驾驶应用发展呈现出两种趋势：传统工程机械生产厂家倾向于分级渐进式自动化，以渐进自动驾驶的方式逐步提升施工作业体验；而新兴高科技公司以人工智能方式，直接进入完全自动无人驾驶，即在传统车辆机械的基础上直接跨越到无人驾驶。前者依靠的是长期积累的整车经验和在自动控制领域的核心优势，后者则是借由人工智能的大力发展，整合传感器、感知算法、计算平台等技术以实现跨越式发展。在目前的技术水平下，两种发展方式各有利弊，有各自的营销方式，但深入合作不够。

4.7.3　预期目标

1. 短期（2021—2022 年）

应用普及方面：力争在 2 个国家或者行业资质认证的典型示范应用矿区进行无人驾驶示范运行，在 5 个矿山推广无人驾驶运输系统服务，并实现整矿无人驾驶运输。

整车集成方面：存量矿卡和新矿卡自动驾驶改造并存，在矿用车辆中占比达 10%。

基础设施支撑方面：矿区基础设施满足基本自动驾驶服务需求，场端具备 5G 基站、专用标识、场端地图等基础设施。

人员需求方面：自动驾驶时需要人员远程监控。

2. 中期（2023—2025 年）

应用普及方面：力争在 10 个矿山推广无人驾驶运输系统服务，实现生产—运输—卸载全矿无人化。

整车集成方面：自动驾驶功能的矿用车辆占比超 50%，辅助作业车实现无人化应用。

基础设施支撑方面：矿区基础设施进一步丰富，场端具备 5G 基站、路侧设备、高精地图等基础设施。

人员需求方面：自动驾驶可靠性提升，监控人员数量减少，实现 1 人监控不少于 4 辆矿用无人驾驶车辆运输作业。

3. 长期（2025 年以后）

应用普及方面：将矿车自动驾驶推广成为智能矿山建设基本要求。

整车集成方面：实现自动驾驶矿车量产及矿山无人运输模式批量化。

基础设施支撑方面：矿区基础设施标准形成，成为智能矿山建设基本要求。

人员需求方面：系统无故障运行时间提升，监控人员数量进一步减少，实现不超过 1 人监控 1 座小规模矿山无人驾驶车辆运输作业。

4.7.4　实现路径

1）推广示范应用鼓励措施，鼓励各省市推出利于矿山发展的政策，鼓励矿山生产应用新一代互联网（5G）、云计算、智能传感、通信、遥感、卫星定位、地理信息系统等技术，实现数字化、智能化的管理与反馈机制；鼓励矿山生产运输由人工驾驶向部分无人驾驶以及全部无人驾驶逐步推行，鼓励加快智慧矿山建设进程，提高矿山无人运输的社会认知水平。

2）加快系列标准/规范制定，由社会团体组织开展团体标准和行业标准的制定，并进一步开展国家标准的制定。

3）建立智能矿山机械测试场，在具备条件的省市建立具备国家资质的智能矿山机械测试场，对进入矿山的智能机械进行场内检验。

4）鼓励无人驾驶公司参与矿山运输，变革设计、采购、建造一体化（EPC）工程总承包模式，提供高技术设备全方位租赁服务。

5）单车智能是基础，系统智能是关键。矿山无人驾驶涉及的关键技术主要包括环境感知、决策规划和智能控制等，为了克服矿山多坡、多弯道及狭长路段的恶劣道路环境，并实现群车规模化运输作业，矿山无人驾驶运输技术需要克服单车感知范围和决策控制能力受限问题。5G 等通信技术的快速发展，使得车与云、路进行大数据实时共享成为可能，采用基于 5G 等高性能网络的端—边—云架构无人驾驶运输系统，可实现算力在多智能端的共享，为单车智能赋能，提升系统作业效率。

具体技术路径包括以下方面。

（1）由单车智能感知到路车融合感知

结合路侧全域感知优势和多模式信息交互进行路车感知信息融合，实现弯道盲区等不可检测区域的超视距感知，如图 4-2 所示。

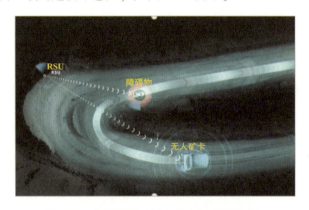

图 4-2　白云鄂博矿区弯道盲区超视距感知

（2）由车辆单点运行到群车多编组决策调度

开发具备高性能联网并发处理能力的云智能平台，基于端边融合和端云融合分别进行交叉口路权分配、车辆多编组调度决策，如图 4-3 所示。

图 4-3　白云鄂博无人驾驶运输系统云端多车编组调度

（3）由单车控制到多车协同控制

开发基于数据驱动的高效协同控制技术，实现单车控制到车车协同控制，再到队列协同控制的跨越。最终实现矿区路车融合超视距感知、群体规模化协同作业运行，解决单车智能不协调、不同步和恶劣环境适应性的问题，加快我国露天矿无人化运输落地应用发展步伐，如图4-4和图4-5所示。

图4-4　基于C-V2X的装载区协同作业　　图4-5　基于C-V2X的卸载区协同作业

4.7.5　分场景路线图

矿山运输应用路线图详见表4-8。

表4-8　矿山运输应用路线图

预期目标	短期（2021—2022年）	中期（2023—2025年）	长期（2025年以后）
应用普及方面	力争在5个矿山推广无人驾驶运输系统服务、2个典型示范应用矿区	力争在10个矿山推广无人驾驶运输系统服务，实现生产—运输—卸载全矿无人化	将矿车自动驾驶推广成为智能矿山建设基本要求
整车集成方面	存量矿卡和新矿卡自动驾驶改造并存	自动驾驶功能的矿用车辆占比超50%，辅助作业车实现无人化应用	实现自动驾驶矿车量产及矿山无人运输模式批量化
基础设施支撑方面	矿区基础设施满足基本自动驾驶服务需求，场端具备5G基站、专用标识、场端地图等基础设施	矿区基础设施进一步丰富，场端具备5G基站、路侧设备、高精地图等基础设施	矿区基础设施形成标准，成为智能矿山建设基本要求
人员需求方面	自动驾驶时需要人员远程监控	提升自动驾驶可靠性，减少监控人员数量（1人4车）	提升系统无故障运行时间，进一步减少监控人员数量（1人1矿）

4.8 末端配送应用路线图

4.8.1 场景描述与特征

末端配送的作业流程可分为备货、储存、配装、运输、送达等环节，无人末端配送根据应用场景可划分为配货配装、配送运输、送达服务 3 个作业场景。从自动驾驶的应用角度出发，需要末端配送车辆实现远程驾驶、与其他交通参与者之间协同作业、自动规划行驶路径等应用，支撑无人末端配送安全运行。

1. 配货配装场景

自动配货配装作业是指配送车辆、配货平台（机器人、人工等）以及云端平台间通过 V2X 等技术相互配合，进行自动配货或者自动收货的过程。配货过程中，配送车辆按顺序自动行驶至装货点，由装卸机器人（或人工）进行货物装载，再依次驶离配货点。收货过程中，配送车辆自动行驶至收货点，由发货人进行货物装载，配送车辆主动确认货物的状态并驶离。在该场景下，配送车辆根据云端平台规划的路径和作业任务，自动行驶至装货区或收货点，将自车的实时状态信息（位置、速度、航向等）和任务信息实时发送至云端平台，后者实时进行状态监控和规划，并把相关信息发送给配货平台或者发货人。

2. 配送运输场景

无人末端配送车辆根据云端平台规划的路径按照交通规则行驶，进行自主末端配送。在行驶过程中，通过 4G/5G V2X 等技术，云端平台实时获取与配送车辆状态、其他道路交通参与者（车辆、行人）、路侧设备等相关的感知信息，进行超视距协同感知与集群决策控制，提高配送任务执行效率与行车安全性。在发现配送车辆异常（如车辆故障、无法避开障碍物）时，云端平台远程接管，保障配送车辆安全停车，同时协调其他车辆参与执行配送任务，以最优化的调度提供大范围的配送服务。

3. 送达服务场景

自动送达服务主要是指与用户完成货物的移交，并完成相关手续和结算。根据路径规划和作业任务，云端平台实时把配送车辆的状态告知用户，并通知用户收取货物的精确时间和地点。无人配送车辆自动行驶到相应位置，等待用户收货。对用户的身份和配送物品进行确认后，通过人机交互指导用户完成物品收发操作，然后根据云端平台的指示进入下一个配送作业周期。

4.8.2　主要问题与挑战

当前，国内无人末端配送发展迅速，但在其应用及推广过程中，还存在以下几方面的问题。

1. 法规标准空白，行业顶层设计缺乏

智能网联汽车已经有相对健全的国家和团体标准体系，已经制定和预研100多项相关标准，涵盖技术、测试、安全、运营等各个方面。与此同时，无人末端配送车的相关法规标准还处于空白状态，缺乏行业顶层设计，成为制约其发展的最大瓶颈。

2. 技术成熟度不高，应用局限度较大

目前，无人末端配送车技术成熟度不高，极大制约了无人末端配送车的应用场景和大规模普及。主要体现在：自动驾驶系统还不能应付复杂交通场景的要求，无法应对雨天、逆光等天气条件；车辆系统设计还不能满足无人末端配送车构型多变与灵活的电子电气架构问题；云端集群调度平台系统还处于理论探索中，目前仅完成了原型设计，无法实现大量车辆集群控制与任务调度；配送系统设计还处于样车阶段，没有统一的规范与标准，缺乏成熟的全自动化配送和货物安全验证手段；无人末端配送场景尚无完整的测试验证流程与方法，以支撑相关的法规制定和标准建设等。

3. 基础设施和产业生态不健全，安全运营面临问题

目前，无人末端配送车基础设施和产业生态不健全，导致无人末端配送车运营面临安全风险、成本偏高等问题。主要体现在：缺乏本地部署或者边缘计算的资源支持，缺乏 V2X 等配套通信基础设施的支持，导致无法克服复杂场景的应用要求；无人末端配送示范运营目前都是企业行为，鲜有政府部门主导的示范应用区或示范运营基地，无法支撑示范运营和推动相关技术成熟；没有完善的商业逻辑和产业生态，没有相关的商业保险政策，发生交通事故时责任鉴定和理赔困难。

4.8.3　预期目标

1. 短期（2021—2022 年）

应用普及方面：实现全国 10 个主要城市的开放道路场景基本覆盖、1000 个封闭/半封闭园区示范。

基础设施支撑方面：实现全国 10 个主要城市的开放道路 V2X 通信设施基本覆盖。

人员需求方面：开放道路需安全员或远程监控，园区无需安全员。

法规标准方面：推动无人末端配送行业法规标准制定，完成 5 项以上法规标准，引导我国无人末端配送车技术与行业发展。

2. 中期（2023—2025 年）

应用普及方面：实现全国 30 个城市开放道路场景全覆盖、3000 个封闭/半封闭园区示范。

基础设施支撑方面：实现全国 30 个主要城市的开放道路 V2X 通信设施覆盖。

人员需求方面：开放道路需安全员或远程监控，园区无需安全员。

法规标准方面：形成 15 项以上无人末端配送行业法规标准，推动无人末端配送车技术与行业快速发展。

3. 长期（2025 年以后）

应用普及方面：无人末端配送技术应用成熟，运行在我国主要城市的开放道路与园区。

基础设施支撑方面：V2X 通信设施成为智慧城市建设的基本要求。

人员需求方面：无需安全员。

法规标准方面：完成相关法规标准 30 项以上，健全无人末端配送行业法规标准，支撑无人末端配送车大规模推广应用。

4.8.4 实现路径

1）制订无人末端配送行业顶层规划，推动无人末端配送车技术与行业发展，成为我国功能型无人车创新体系重要组成部分，形成中国特色和中国品牌；建成和完善无人末端配送车相关政策法规体系、技术标准体系、运行监管体系；促进无人末端配送产业生态体系形成，与智能交通、智慧城市深度融合。

2）针对复杂场景感知问题，建议建设国家功能型无人车测试评价中心和专用测试场地，完善功能型无人车产品软硬件测试和开放场地测试等测试验证体系，推动无人车规模化示范应用。借助大数据、仿真平台等模拟和还原无人车的实际运行情况，加快产品测试迭代速度。细化无人车功能性能指标及验证方法与流程。通过不断积累仿真和路测数据，丰富测试场景、降低功能型无人车开发企业整体测试验证成本，保证车辆上路后的安全性和可靠性。

3）针对车辆决策规划问题，建议筹建国家/地方/企业功能型无人车监控与调度云端平台，集成 5G 边缘云计算、车路协同、海量终端高并发接入、高吞吐率数据流实时处理、集群任务运筹调度、数据综合治理等技术，在云端平台进行实时交通参与者行为分析预测、行驶环境深度理解和驾驶安全风险分析，最终完成高度准确的拟人决策规划，结合单车智能做到及时安全响应。

4）针对车辆运动控制问题，建议研究可重构无人车技术，突破无人车固定构型的形态制约，构建以功能重构、拓扑重构、形态重构为特征的基本体系，开发新形态的功能型无人车，实现各单元或整车的自主重构、融合、组合、拼接、解体，满足不同驾驶环境的行驶要求，服务未来交通复杂智慧任务需求。

5）通过团体标准/行业标准的建设，促进无人末端配送车标准体系建设持续完善，推动无人末端配送行业有序发展。优先建设环境感知、决策规划、控制执行、系统设计、云端调度平台和测试评价等标准法规，以满足无人末端配送车执行功能性任务、无驾驶机构、构型创新多变等特点，支撑大规模应用。推动无人末端配送车团体/行业标准体系建设，发布行业蓝皮书，开展标准宣贯等活动。

6）健全无人末端配送相关基础设施，推动无人末端配送车规模化示范应用。加大对无人末端配送车物流、运输等功能模块及其更换站，专用充换电站，无人末端配送车监控与调度中心等基础设施的建设和投入。筹建国家/地方/企业无人末端配送车监控与调度云端平台，提前布局未来无人末端配送车大规模产业应用需要。

7）推广智能交通和智慧城市示范中的无人末端配送车规模化应用。由政府部门、整车企业、科技企业、科研院所、高等院校等共同参与，共同推动智慧城市无人末端配送示范区，持续打造中国品牌和中国效应。以路线图制定等为依托，各企业实现云端大数据开放共享，共同研究制定我国无人末端配送车产业化路径，全面拓展和支撑我国功能型无人车行业发展格局。

4.8.5　分场景路线图

末端配送应用路线图详见表 4-9。

表 4-9　末端配送应用路线图

预期目标	短期（2021—2022 年）	中期（2023—2025 年）	长期（2025 年以后）
应用普及方面	实现全国 10 个主要城市的开放道路场景基本覆盖、1000 个封闭/半封闭园区示范	实现全国 30 个主要城市开放道路场景全覆盖、3000 个封闭/半封闭园区示范	无人末端配送技术应用成熟，运行在我国主要城市的开放道路与园区

（续）

预期目标	短期（2021—2022 年）	中期（2023—2025 年）	长期（2025 年以后）
基础设施支撑方面	实现全国 10 个主要城市的开放道路 V2X 通信设施基本覆盖	实现全国 30 个主要城市的开放道路 V2X 通信设施覆盖	V2X 通信设施成为智慧城市建设的基本要求
人员需求方面	开放道路需安全员或远程监控，园区无需安全员	开放道路需安全员或远程监控，园区无需安全员	无需安全员
法规标准方面	推动无人末端配送行业法规标准制定，完成 5 项以上法规标准，引导我国无人末端配送车技术与行业发展	形成 15 项以上无人末端配送行业法规标准，推动无人末端配送车技术与行业快速发展	完成相关法规标准 30 项以上，健全无人末端配送行业法规标准，支撑无人末端配送车大规模推广应用

4.9 环卫清扫应用路线图

4.9.1 场景描述与特征

自动驾驶环卫清扫场景基本生产作业过程包括垃圾清扫、垃圾运输、垃圾倾倒和垃圾转运等，包括两个主要细分环境场景：开放的公共道路、街道等；半封闭的园区、公园、学校等。其中，垃圾清扫、垃圾运输和垃圾倾倒是每个系统都有的，而垃圾转运则视垃圾产生源至垃圾处理场的运输距离及收集车辆性状而设置。自动驾驶环卫清扫车一般都具备洒水降尘功能，同时集全自动垃圾清扫、垃圾运输功能于一体，垃圾箱收集满或者清扫任务完成之后，去往垃圾中转站或垃圾场完成垃圾倾倒。另外，基础设施还包括补给和维护工作站，提供车辆充电、补水和日常维护保养等支持。从技术现状和场景来看，自动驾驶清扫环卫车的应用，还需要云端平台进行远程监控和远程遥控驾驶，用于支撑自动驾驶的安全运行。

1. 垃圾清扫

垃圾清扫环节，根据不同的场地和具体清扫要求，包括三个典型作业方式，即贴边清扫、覆盖式清扫和巡视清扫。

1）贴边清扫。道路上主要垃圾带，一般是从路缘到路中间大概 1～1.5m 的范围内。对于开放道路垃圾清扫，完成道路两侧的贴边清扫，基本上就完成了绝大部分的清扫任务。在自动驾驶应用上，针对复杂路段，需要通过智能感知明确边沿距离，通过精准定位和规划控制完成路沿清扫。

2）覆盖式清扫与巡视清扫。半封闭园区的行车道或者广场区域，垃圾随机分布，没有路沿垃圾较为集中的特点，一般清扫要求是覆盖式清扫，同时也包括路沿清扫。覆盖式清扫，一般是提前预设覆盖式清扫路径，自动驾驶任务时执行路径覆盖，完成自动驾驶清扫作业；在遇到障碍物后，进行避障处理，避障后标记漏扫区域，完成部分任务之后补扫。如果在垃圾量较小的园区环境或在冬季等垃圾量较小的特定季节，可以选择使用巡视清扫模式。在该模式下，车辆在预设路径上进行巡视，通过使用机器视觉技术对路径上垃圾物进行识别，发现垃圾后执行清扫作业。

2. 垃圾运输和垃圾倾倒

自动驾驶环卫车，根据云平台或者单车任务中指定的垃圾倾倒点或者垃圾中转站，规划路径，结合环境感知信息和定位技术，在道路上自主运行。在行驶过程中，通过 4G 或 5G 网络技术，环卫清扫车与云平台、路侧设备、垃圾倾倒点的设备进行信息交互，提高行车安全性的同时，确保垃圾倾倒点预约有序。

自动驾驶环卫清扫车到达垃圾倾倒点之后，与云端进行协同通信后完成垃圾倾倒。倾倒完成后，进入下一个清扫工作循环。异常情况下，环卫清扫车将进行紧急制动，并进入远程接管流程。

3. 补给和维护

自动驾驶环卫清扫车在电量和水量较低时，通过云平台调度或者自主驾驶到补给站附近，完成补给站对接后，进行充电和加水工作。当每天的清扫工作完成后，自动回到维护站点，工作人员对车辆进行日常检查和保养维护，确保设备的连续正常使用。

表 4-10 是自动驾驶环卫车落地应用的开放道路和半封闭道路场景差异说明。

表 4-10　自动驾驶环卫车开放道路和半封闭道路场景差异

比较项	开放的公共道路、街道等场景	半封闭的园区、公园、学校等场景
场景示意图		
机械化程度	作业以机械化为主，部分靠人工	人工作业居多，向机械化过渡
作业面积和垃圾量	作业面积大，垃圾清运量大，一般以贴边清扫为主	作业面积较小，垃圾量因季节和场景差异大，一般以覆盖式清扫或巡视清扫为主
作业设备	中大型环卫清洁车，配备人力或者电动小型保洁巡逻车	中小型环卫清洁车、人力/保洁巡逻车、人力清洁工具等
作业时间	以夜间作业为主，白天巡检	以白天作业为主，白天巡检
传感器/处理器要求	32 线以上多线激光雷达、相机、RTK、高性能工控机	16 线以下多线激光雷达、相机、RTK、中性能工控机
商业价值	对保洁要求较高，商业价值高	对保洁要求相对较低，商业价值相对较低
安全要求	车速相对较快，交叉路口场景复杂，安全要求高	道路宽度相对较小、速度低，安全要求较低
政策要求	有牌照要求，目前政策不允许直接上路	半封闭园区内无牌照要求

4.9.2　主要问题与挑战

目前，智能网联环卫车遇到的挑战主要集中在法规政策、技术、成本和商业模式探索方面。

1. 标准体系及法律法规尚未完善

目前，尚无专门行政主管部门归口负责无人环卫专用车辆政策制定和管理工作。因此，缺少无人环卫车行业顶层规划，以及对应政策法规体系和监管体系。当前政策情况是，开放道路上，仅部分城市允许在无人驾驶示范区域进行测试。针对 L4 级自动驾驶无人环卫车，在产品运营过程中发生意外事故等情况下，责任判定问题缺乏法律法规依据，容易产生纠纷。另外，专门针对自动驾驶环卫车的产品生产、管理、安全与道路测试标准也尚未形成，真正上路的安全性、可靠性验证依然处于空白状态。

2. 技术水平有待进一步提高

城镇开放道路运行的无人驾驶环卫货车，尽管速度相对无人驾驶乘用车慢，但是和其他在机动车道行驶的无人驾驶汽车面临同样的技术挑战：在所有条件下，无论何种路况和天气环境，让无人驾驶汽车做到像人类一样，对交通参与者行为进行预测和理解，针对意外瞬时进行判断和理解，并做到及时安全响应，从技术角度来讲都有非常大的挑战。

另外，自动驾驶清扫作业在技术层面面临特有的难题，主要如下。

（1）贴边清扫

贴边清扫任务的特点要求自动驾驶环卫车实现精准贴边，对车辆定位的精准度、系统的智能性和鲁棒性要求较高。

（2）智能识别

车辆在实际运营过程中，需要对作业环境中的路面状况（平整度、宽度、路缘等）及障碍物（树叶、矿泉水瓶、水管等）进行准确识别，并采取针对性策略；部分特殊目标的识别需要大量的数据训练迭代开发。

（3）智能调度

除作业区域的全覆盖清扫任务外，实际运营过程中仍需要根据设备位置信息、作业状态、作业进度、作业路线等进行智能化调度处理。

（4）全覆盖式清扫

园区清扫场景需要覆盖式清扫，尤其是在狭窄多障碍物复杂空间，要在保证绝对安全的前提下，对于阿克曼底盘的大型环卫货车或者中小型清扫车，路径规划和控制都极具挑战。

3. 现阶段成本过高，不利于推广应用

人工清扫费用一般较低，自动驾驶环卫车在当前成本较高的情况下，其商业价值相对较低，不利于大规模推广。自动驾驶环卫车可节省 50% 以上的人力成本并延长作业时间，但园区环境具有行人混行、路障多、可变因素多的特点，导致自动驾驶环卫车需要的冗余设计成本较高，传感器方案、电子架构防振处理、算法逻辑冗余等软硬件配置的成本依然较高。同时，整个产业链上下游还不够成熟，不上规模，大部分零部件、软件功能需要定制，也导致采购价格居高不下。

4. 商业运营模式尚不清晰

基于上述技术、法规等因素，当前自动驾驶环卫车产品尚处于早期发展阶段，投放试运营的场景及数量远未达到批量应用阶段，仍有许多问题与挑战需要克服，目标客户购买意愿不太强烈，整体商业运营模式有待进一步探索与完善。

4.9.3 预期目标

1. 短期（2021—2022 年）

应用普及方面：力争实现全国大中型城市支持 1000 个半封闭园区场景清扫作业应用、100 个开放道路测试应用。

整车集成方面：基本完成中小型无人清扫车标准化设计，完成量产车型 10 项；基本完成中大型无人清扫车功能设计。

基础设施支撑方面：自动充电桩、垃圾倾倒设施、路侧垃圾监测、天气监测等基础设施标准制定，实现中大型城市园区或道路 100 个场景试点覆盖。

人员需求方面：开放道路场景下，中大型无人清扫车需要安全员在驾驶位确保异常情况下的接管；中小型无人清扫车需要远程监控；半封闭场景实现完全无人化。

2. 中期（2023—2025 年）

应用普及方面：实现全国主要城市支持 3000 个半封闭园区场景清扫作业应用、500 个开放道路清扫作业应用。

整车集成方面：中小型无人清扫车完成量产车型 30 项；中大型无人清扫车完成标准化设计，完成量产车型 10 项。

基础设施支撑方面：自动充电桩、垃圾倾倒设施、路侧垃圾监测、天气监测等基础设施，实现全国主要城市园区或道路 1000 个场景覆盖。

人员需求方面：开放道路场景，中大型无人清扫车减少对安全员的依赖，部分转向远程监控实现；中小型无人清扫车减少远程监控，逐步实现完全无人化，半封闭场景实现完全无人化。

3. 长期（2025 年以后）

应用普及方面：实现全国大部分城市支持超过 10000 个半封闭园区场景清扫作业应用、超过 2000 个开放道路清扫作业应用。

整车集成方面：大、中、小型无人清扫车完成大规模量产，完成量产车型 100 项。

基础设施支撑方面：自动充电桩、垃圾倾倒设施、路侧垃圾监测、天气监测等基础设施，实现全国大部分城市园区或道路超过 10000 个场景覆盖。

人员需求方面：中大型无人清扫车需要少量远程监控甚至完全无人化；中小型清扫车实现完全无人化，不需要远程安全监控，半封闭场景实现完全无人化。

4.9.4　实现路径

1. 技术路线

智能网联环卫清扫车最主要的任务是清扫道路，对于其智能化等级的分类，参考《智能网联扫路机系统技术要求与测试规程》（T/ITS 0146—2020），按照其清扫任务的触发条件和完成情况分为如下 3 个智能化作业等级。

基础智能/静态规划任务：车辆清扫任务由管理人员制订，并通过人员手动触发，或者清扫车调度平台将清扫指令下发到清扫车。

感知智能/动态规划任务：清扫车通过网络获取环境信息，触发动态局部覆盖式任务。例如天气感知模块反馈秋天大风信号之后、人流检测模块反馈景区游客流量大信号之后，触发局部路段动态覆盖清扫。

综合智能/全事件驱动规划任务：通过车辆动态巡检和网络（路侧设备识别垃圾）获取负责区域内的路面信息，如果检测到路面某处需要清扫，则清扫车直接前往需要清扫的地方，动态路径规划完成精细化清扫任务。

根据以上规划，从技术层面逐步提升和迭代智能网联等级，最终实现智能网联环卫车大目标。表 4-11 给出了 3 个智能化作业等级作为不同阶段技术发展目标的路径说明。

表 4-11　环卫清扫车技术路线说明

描述	基础智能	感知智能	综合智能
	静态规划任务	动态规划任务	全事件驱动规划任务
清扫任务触发条件	手动触发或时间触发，手动单次触发任务或根据预先设定的清扫任务开始时间，开始清扫任务	手动触发、时间触发、气候或者特定条件触发，手动单次触发、根据预先设定的清扫任务开始时间或某些特定感知条件开始清扫任务	手动触发、时间触发、气候或者特定条件触发、事件触发，除包括感知智能触发条件外，还可根据检测到负责区域内路面上有可清扫的对象，开始清扫任务

（续）

描述	基础智能	感知智能	综合智能
	静态规划任务	动态规划任务	全事件驱动规划任务
清扫任务精细化程度	由人工设定，只能按照预先设定好的效果清扫，精细化程度低	进行区域化清扫，或者由人工设定，在进行部分区域化覆盖式清扫时，精细化程度较低	人工设定、区域化清扫或者精细化清扫，该智能等级采用全事件驱动的清扫触发模式，清扫任务明确，精细化程度最高
实时程度	实时性差，只能执行预先设定的任务	实时性较高，可以根据气候条件的变化触发清扫任务	实时性高，可以随时根据路面上出现的杂物开始清扫任务
功能要求	自动驾驶循迹；简单路径规划能力；自动驾驶环境感知与避障；清扫、洒水、吸尘等清洁功能；支持远程控制	支持基础智能的全部功能；温度、湿度、人流等环境和场景信息感知与清扫任务规划；针对区域化清扫的路径和清扫模式规划	支持感知智能的全部功能；路面特定清扫对象识别和清扫任务规划；针对特定清扫对象的清扫路径和清扫模式规划
应用场景	在半封闭路段上，按照预先设定的清扫路线、清扫模式，在预定时间开始全覆盖的清扫任务；在开放路段上，按照预先设定的清扫路线、清扫模式，在预定时间开始沿道路边沿清扫任务	适用于基础智能的全部应用场景；根据环境情况，自动选择清扫模式和清扫区域；根据所选清扫区域的不同，完成全覆盖清扫或者沿道路边沿清扫	适用于感知智能的全部应用场景；检测到负责区域内出现可以清扫的特定对象，根据清扫对象及其所在区域，自动选择清扫模式并进行目标驱动的清扫作业
路侧设备要求	垃圾倾倒站点、自动充电站	包括基础智能的所有设备、天气和环境感知设备	包括感知智能的全部设备，以及垃圾识别、地面脏污识别的RSU
全覆盖路径规划技术	非阿克曼底盘，如双轮差速、四轮全向等底盘，实现任意形状区域完成全覆盖路径规划	在实现前一阶段技术发展目标的基础上，引入神经网络深度学习手段，预先生成阿克曼底盘，针对任意形状区域完成全覆盖路径规划任务	在实现前一阶段技术发展目标的基础上，任意底盘类型，实时生成任意形状的区域全覆盖路径规划任务

（续）

描述	基础智能	感知智能	综合智能
	静态规划任务	动态规划任务	全事件驱动规划任务
贴边清扫	根据预先设定好的贴边规则和路线，对规则和边界清晰的路沿完成安全零距离贴边清扫任务	根据预先设定的贴边路线，能够通过深度学习等技术，在路沿因季节原因发生变化的情况下，完成安全零距离贴边清扫任务	在完成上一阶段技术发展目标的基础上，通过深度学习图像识别等技术，增强感知技术，实时自动识别路沿特征和垃圾量，进行实时贴边路径规划

2. 测试验证

首先，推进国家和地方建设无人环卫车测试评价中心、专用测试场地，完善无人环卫车产品软硬件测试和开放场地测试等测试验证体系。借助大数据、仿真平台等模拟和还原无人车的实际运行情况，加快产品测试迭代速度；其次，细化无人环卫车功能性能指标及验证方法与流程；最后，通过不断积累仿真和路测数据，丰富测试场景，降低无人环卫车开发企业整体测试验证成本，同时保证车辆上路后的安全性和可靠性。

3. 政策法规

首先，加快推动建设行政主管部门，归口负责无人环卫专用车辆政策制定和管理工作。参考欧美日等发达国家和地区政策法规，制定我国无人环卫车行业顶层规划，建成和完善无人环卫车相关政策法规体系和运行监管体系。其次，推出无人环卫车详细管理办法，为无人环卫车研发、测试、生产、销售使用等提供车辆注册登记、上路行驶、信息安全、刑事、民事、车辆保险、车辆牌照等多方面的法律法规保障。最后，制定鼓励政策，为无人环卫车的购买提供补贴政策，刺激应用。

4. 标准规范

组织行业头部企业、高校、研究机构和行政管理部门，通过团体标准/行业标准的建设，促进无人环卫车标准体系建设持续完善，推动行业有序发展。根据无人环卫车的功能特点，建设高精地图、环境感知、决策规划、控制执行、系统设计、云端调度平台、网联基础设施建设、测试验证等标准规范或规程，发布行业蓝皮书。同时，推进环卫车清扫系统功能和性能要求和规范标准制定。

5. 数据规范

首先，推动建立无人驾驶体系规范，包括数据通信、任务调度、高精地图等标准数据接口，构建可拓展、可共享的数据库架构，实现统一格式存取，满足数据分享便捷性及保密需求。其次，筹建国家/地方/企业功能型无人车监控与调度云端平台与监控中心，实现跨品牌车辆和跨区域信息互联互通，具备状态记录、存储及在线监控功能，能实时回传、记录和存储各项运行关键数据，便于分析无人车事故或失效情况的根本原因。最后，建立无人车信息安全能力审查制度，从源头上保障汽车产品具备基本的信息安全防护能力，减少信息安全事故。

6. 商业模式

目前，智能网联环卫清扫车的购置成本高，对环卫企业来讲，一次性支出较大。

从企业层面，通过3种或更多商业模式的探索逐步建立完善的商业模式：模式一，卖设备，自动驾驶企业通过与车企合作的方式生产智能网联环卫清扫车，并销售给下游的环卫服务企业；模式二，买服务，自动驾驶企业生产智能网联环卫清扫车并组建车队，提供服务，后期会提供车辆售卖或者系统售卖等业务，通过提供环卫服务收取费用，并可通过硬件出售、软件授权（按清洁面积定价）和广告（车身平面广告和语音广告）等模式增加收入；模式三，成立合资企业，自动驾驶企业与环卫企业成立合资企业，专注于智能网联环卫清扫车的推广。未来可能出现环卫企业收购自动驾驶企业的新模式，推动无人环卫车的商业化。未来下游环卫企业也可能基于自身需求，收购技术领先的自动驾驶企业，实现产业升级。

从政府和政策层面，对无人环卫车整车和供应链的相关企业，推出一定的补贴友好政策，用于激励产业发展。

7. 社会认知

虽然已经有较为成熟的产品面世，但无人驾驶对普通百姓而言仍然属于新兴领域，无论原理还是使用，仍需付出较大的教育培训成本。

通过更多的产品落地，建立环卫从业者对无人驾驶技术的认知，消除普遍性的顾虑。做好基础设施保障，推广规模化示范应用，尽快推动智慧城市功能型无人车示范区，持续打造中国品牌和中国效应，全面拓展我国功能型无人车行业发展格局。

4.9.5　分场景路线图

环卫清扫应用路线图详见表 4 – 12。

表 4 – 12　环卫清扫应用路线图

预期目标	短期（2021—2022 年）	中期（2023—2025 年）	长期（2025 年以后）
应用普及方面	实现全国大中型城市支持 1000 个半封闭园区场景清扫作业应用、100 个开放道路测试应用	实现全国主要城市支持 3000 个半封闭园区场景清扫作业应用、500 个开放道路清扫作业应用	实现全国大部分城市支持超过 10000 个半封闭园区场景清扫作业应用、超过 2000 个开放道路清扫作业应用
整车集成方面	基本完成中小型无人清扫车标准化设计，完成量产车型 10 项；基本完成中大型无人清扫车功能设计	中小型无人清扫车完成量产车型 30 项；中大型无人清扫车完成标准化设计，完成量产车型 10 项	大、中、小型无人清扫车完成大规模量产，完成量产车型 100 项
基础设施支撑方面	自动充电桩、垃圾倾倒设施、路侧垃圾监测、天气监测等基础设施标准制定，实现中大型城市园区或道路 100 个场景试点覆盖	自动充电桩、垃圾倾倒设施、路侧垃圾监测、天气监测等基础设施，实现全国主要城市园区或道路 1000 个场景覆盖	自动充电桩、垃圾倾倒设施、路侧垃圾监测、天气监测等基础设施，实现全国大部分城市园区或道路超过 10000 个场景覆盖
人员需求方面	开放道路场景下，中大型无人清扫车需要安全员在驾驶位确保异常情况下的接管；中小型无人清扫车需要远程监控；半封闭场景实现完全无人化	开放道路场景，中大型无人清扫车减少对安全员的依赖，部分转向远程监控；中小型无人清扫车减少远程监控，逐步实现完全无人化；半封闭场景实现完全无人化	中大型无人清扫车需要少量远程监控甚至完全无人化；中小型清扫车实现完全无人化，不需要远程安全监控；半封闭场景实现完全无人化

4.10　巡逻侦察应用路线图

4.10.1　场景描述与特征

无人巡逻侦察应用作业场景需要实现自动巡逻、行为识别、报警处理 3 个作业场景，以及充电、停车、维修保养 3 个作业保障场景。从自动驾驶的应用角度出发，需要巡逻侦察车辆实现远程遥控驾驶、与其他道路交通参与者协同作业、规划行驶路径等应用，支撑巡逻侦察的安全运行。

1. 自动巡逻场景

自动巡逻场景根据云端平台规划的路径，按照交通规则行驶，进行自主巡逻侦察。在行驶过程中，云端平台实时获取与车辆运行状态和行驶环境，包括道路交通参与者（车辆、行人）、建筑物等相关的信息，通过 4G/5G V2X 等技术进行超视距协同感知与集群决策控制，实时规划巡逻路线，提高巡逻侦察执行效率。在发现异常情况（如车辆故障）时，云端平台远程接管，保障车辆安全停车，同时调用其他车辆参与执行巡逻任务。

2. 行为识别场景

无人巡逻侦察车辆在行驶过程中，通过车上的摄像头和拾音器等传感器采集现场图像和声音，对周围的违规违法行为进行识别，如吸烟、快速接近巡逻车辆、投掷、攀爬、持枪等行为动作，做到自动识别，对公安部门通缉的涉案人员及车辆进行自动对比识别，并将现场位置和人物图像通过 4G/5G V2X 通信技术传送给云端平台。

3. 报警处理场景

报警处理是指无人巡逻侦察车辆在遇到违规违法行为时所采取的处理行为。根据巡逻侦察的情况不同，云端平台智能决策采取不同的操作，支撑无人巡逻侦察的顺利进行，如吸烟等违规行为，由巡逻车辆自动进行语音警告处理；如抢劫等违法行为，则在警告的同时，云端平台自动对接上报公安系统，确保公民的生命和财产安全。

4. 作业保障场景

在作业过程中，云端平台会实时监测无人巡逻侦察车辆的状态，以保障巡逻侦察任务的有效进行。当云端平台监测到车辆电量不足或需要维护时，及时协调巡逻侦察车辆进行充电和补给。无人巡逻侦察车辆根据云端平台规划的巡逻侦察任务，自动行驶到相应的作业支持区域，并实时上报状态和任务信息；在异常情况下，进行紧急制动并进入远程控制状态，确保行车安全。

4.10.2　主要问题与挑战

当前，国内无人巡逻侦察车辆快速发展，但在其应用及推广过程中，存在以下方面的问题。

1. 法规标准空白，行业顶层设计缺乏

智能网联汽车已经有相对健全的国家和团体标准建设体系，已经制定和预研100 多项相关标准，涵盖技术、测试、安全、运营等各个方面。与此同时，由于巡逻侦察车辆结构特殊，部分智能网联汽车通用标准无法适用，专门针对巡逻侦察车辆的相关法规标准还处于空白状态，缺乏行业顶层设计，这成为制约其发展的最大瓶颈。

2. 技术成熟度不高，应用局限度较大

目前，无人巡逻侦察技术成熟度不高，极大地制约了无人巡逻侦察的应用场景和大规模普及。主要体现在：自动驾驶系统还不能应付复杂交通场景的要求，无法应对雨天、逆光等天气条件；车辆系统设计还不能满足无人巡逻侦察构型多变与灵活的电子电气架构问题；云端集群调度平台系统还处于理论探索中，目前仅完成了原型设计，无法实现大量车辆集群控制与任务调度问题；巡逻系统设计还处于样车阶段，没有统一的规范与标准，缺乏成熟的全自动远程感知、识别和上报系统；无人巡逻侦察场景尚无完整的测试验证流程与方法，无法支撑相关的法规制定和标准建设等。

3. 基础设施和产业生态不健全，安全运营面临问题

目前，无人巡逻侦察基础设施和产业生态不健全，导致无人巡逻侦察运营面临安全风险、成本偏高等问题。主要体现在：缺乏本地部署或者边缘计算的资源支持，缺乏 V2X 等配套通信基础设施的支持，导致无法克服复杂场景的应用要求；目前无人巡逻侦察示范运营都是企业自主行为，鲜有政府部门主导的示范应用区或示范运营基地，无法支撑示范运营和推动相关技术成熟；没有完善的商业逻辑和产业生态，还没有形成全国范围内的公安警务系统对接流程，交通事故责任认定和巡逻数据处理困难。

4.10.3   预期目标

1. 短期（2021—2022 年）

应用普及方面：实现全国 10 个主要城市的开放道路场景基本覆盖、300 个封闭/半封闭园区示范。

基础设施支撑方面：实现全国 10 个主要城市的开放道路 V2X 通信设施基本覆盖。

人员需求方面：开放道路需有安全员或远程监控，园区无需安全员。

法规标准方面：推动无人巡逻侦察行业法规标准制定，完成 5 项以上法规标准，引导我国无人巡逻侦察技术与行业发展。

2. 中期（2023—2025 年）

应用普及方面：实现全国 30 个城市开放道路场景全覆盖、1000 个封闭/半封闭园区示范。

基础设施支撑方面：实现全国 30 个城市的开放道路 V2X 通信设施覆盖。

人员需求方面：开放道路需有安全员或远程监控，园区无需安全员。

法规标准方面：形成 15 项以上无人巡逻侦察行业法规标准，推动无人巡逻技术与行业快速发展。

3. 长期（2025 年以后）

应用普及方面：无人巡逻侦察技术应用成熟，运行在我国主要城市的开放道路与园区。

基础设施支撑方面：V2X 通信设施成为智慧城市建设的基本要求。

人员需求方面：无需安全员。

法规标准方面：完成相关法规标准 30 项以上，健全无人巡逻侦察行业法规标准，支撑无人巡逻侦察大规模推广应用。

4.10.4   实现路径

1）制订无人巡逻侦察行业顶层规划，推动无人巡逻侦察技术与行业发展。建成和完善无人巡逻侦察相关政策法规体系、技术标准体系、运行监管体系；促进无人巡逻侦察产业生态体系形成，与智能交通、智慧城市深度融合。

2）通过国家标准/团体标准建设，促进无人巡逻侦察标准体系建设持续完善，推动无人巡逻侦察行业有序发展。优先建设环境感知、决策规划、控制执行、系统设计、云端调度平台和测试评价等标准法规，以满足无人巡逻侦察执行功能性任务、无驾驶机构、构型创新多变等特点，支撑大规模应用；推动无人巡逻侦察国家/团体标准体系建设，开展标准宣贯等活动。

3）健全无人巡逻侦察相关基础设施，推动无人巡逻侦察规模化示范应用。加大对无人巡逻侦察专用充换电站、无人巡逻侦察监控与调度中心等基础设施的建设和投入；筹建国家/地方/企业无人巡逻侦察监控与调度云端平台，提前布局未来无人巡逻侦察大规模产业应用需要。

4）推广智能交通和智慧城市示范中的无人巡逻侦察项目规模化应用。由政府部门、整车企业、科技企业、科研院所、高等院校等共同参与，共同推动智慧城市无人巡逻侦察示范区建设，持续打造中国品牌和中国效应；以路线图制定等为依托，各企业实现云端大数据开放共享，共同研究制定我国无人巡逻侦察产业化路径，全面拓展和支撑我国功能型无人车行业发展格局。

4.10.5　分场景路线图

巡逻侦察应用路线图详见表 4－13。

表 4－13　巡逻侦察应用路线图

预期目标	短期（2021—2022 年）	中期（2023—2025 年）	长期（2025 年以后）
应用普及方面	实现全国 10 个主要城市的开放道路场景基本覆盖、300 个封闭/半封闭园区示范	实现全国 30 个主要城市开放道路场景全覆盖、1000 个封闭/半封闭园区示范	无人巡逻侦察技术应用成熟，运行在我国主要城市的开放道路与园区
基础设施支撑方面	实现全国 10 个主要城市的开放道路 V2X 通信设施基本覆盖	实现全国 30 个主要城市的开放道路 V2X 通信设施覆盖	V2X 通信设施成为智慧城市建设的基本要求
人员需求方面	开放道路需有安全员或远程监控，园区无需安全员	开放道路需有安全员或远程监控，园区无需安全员	无需安全员

4.11 无缝化移动服务应用路线图

4.11.1 场景描述与特征

通过无人接驳车、无人清扫车、无人售卖车、无人物流车、无人巡逻车等单体智能的集合，形成具备群体智能的社群，为人类社会带来无缝化移动服务。通过无缝化移动服务的建设，可以实现智慧资源的按需供应，实现智慧资源间的自由传递，其特点如下。

1. 群体智能

首先，无缝化服务具有分布式控制特点，通过 5G V2X 技术、人工智能技术、大数据通信技术和基础自动控制技术，无缝化移动服务通过危险分散，对社群内的各个单体进行控制；其次，群体智能具备自组织性，各功能型车在没有外部指令的条件下，可在各自服务领域按照各自规则自行工作。

2. 形成社群

无缝化移动服务探索建立以企业为主体，产学研结合，市场化、多元化投融资和成果转化的有效机制，打造产学研用多赢的科技创新平台，培育形成自主可控的无缝化移动服务产业链。

3. 具备进化能力

其一，所有单体智能享有相同技术基础，在技术层面都将遵循"三横两纵"的技术路线；其二，在无缝化移动服务的整体理念下，功能型无人车朝着模块化、可重构的方向发展，相同的线控底盘与不同的功能上装，以及不同的单体之间的融合交互，将实现单体之间的自由转换。

4.11.2 预期目标

无缝化移动服务预期目标详见表 4-14。

表 4-14 无缝化移动服务预期目标

短期（2021—2022 年）	中期（2023—2025 年）	长期（2025 年以后）
实现 5 个区域的无缝化移动服务，在区域内，初现单体智能集合成社群的规模，分布式控制特点、自组织性逐渐形成，进化的渐变、突变、可持续特征明显	至少建成 2 条 S-PRT 线路，投入车辆不少于 100 辆，用于无缝化移动服务区域间的串联，初步实现智慧城市与智慧城市间的无缝化移动	建成 5 条以上 S-PRT 线路，投入车辆不少于 500 辆，实现大面积无缝化移动服务场景落地，场景间实现快速的物理连接和数字连接，万物互联初具雏形

4. 11. 3　实现路径

无缝化移动服务的核心要义，是利用 5G 通信和智能汽车等技术手段，以以人为本的全面发展和社会进步为中心，围绕覆盖全生活场景的服务需求，以应用场景为创新驱动，实现"人本化""生态化""数字化"三方面的价值引领，打造以高品质生活和高质量工作为核心的"点—线—面"无缝化移动服务生态新模式。通过"点—线—面"构建无缝化移动服务，实现产品突破、生态圈构建，以打造万物互联、智向未来的"智享之城"新服务生态。

1. 构建新型移动服务的城镇智慧化建设

"点"是"智享之城"（Sharing-City），移动服务城镇枢纽的解决方案，利用 5G + 智慧汽车构建新型移动服务的城镇智慧化建设。在"智享之城"内，城镇道路将为智慧汽车提供专用通道，人车分流，促进智能化、生态化的城镇发展；汽车形态将发生重大改变，由传统汽车向智能化多用途移动机器人发展；端—管—云—平台相结合的四层架构推动移动服务，对包括民生、公共安全、社会医疗、城市服务、工商业活动在内的各种需求做出智能响应，实现个性化定制。

2. 构建共享个人快速交通系统，实现无缝出行服务

"线"是共享个人快速交通系统（Sharing-Personal Rapid Transit，S-PRT），是新一代交通体系，通过无人驾驶汽车、云端智能大脑、智能化运营、可视化管控，实现无缝出行服务；可以实现连接生活社区、产业园区、生态园区等各类板块的网状交通枢纽系统，可以实现智能汽车、智慧交通与智慧城市各类应用的深度链接和融合。

3. 构建区域性无缝化移动服务

"面"是区域性无缝化移动服务，通过 S-PRT 将各智慧应用单元连接起来，形成规模效应，即区域性无缝化移动服务。在未来的服务场景中，围绕全生活链服务需求，除实现智慧汽车与万物信息互联外，城市与城市之间、智慧汽车与城市之间，都能实现数字互联、信息共享。

4. 12　智能网联汽车数据应用路线图

4. 12. 1　场景描述与特征

1. 车端的数据采集、存储与迁移

智能网联汽车主要通过各种传感器采集大量感知、定位数据；自动驾驶主计

算单元通过以太网、RS422、GMSL 等接口获取这些传感器数据，并结合车辆底层反馈的行驶状态等信息，通过处理和计算，生成控制命令传送给车辆控制单元，用于车辆的行驶控制。同时，上述过程中产生的数据，将根据需要全部或有选择地存储至车载存储装置中，以供进一步利用（如提供给其他数据使用者、帮助制造商优化自动驾驶算法、更新训练数据等）。其中 70% 的数据是非结构化数据（图片、视频等），这些数据体量很大，单纯依靠无线方式传输会非常占用时间和带宽成本，因此必须寻求离线方式来迁移这些大容量的数据，其典型特征如下。

1）数据量巨大，每车每天将有 TB 级数据需要迁移。

2）离线迁移数据的传送效率很高。

3）离线迁移对于设备的物理安全和信息安全的要求很高，数据安全性和隐私性也能得到保障。

4）离线迁移应当与车端设备和云端设备形成无缝对接，无需存储元器件的拆装和格式转换。

2. 云端数据存储、计算、冷备

云端指的是数据中心内的 IT 基础设施（存储资源、计算资源、内存资源、网络连接等）、中台层（容器、框架、中间件等）和应用层（软件、算法等）。数据从车端迁移到云端，或者从路侧边缘端迁移到云端，都需要在云端进行深度的存储、处理、训练、归档。从大的 IT 架构角度来看，云端又包括边缘云与核心云。边缘云的特征：尺寸规格相对较小，机房内往往仅有一台机柜，且边缘云的机柜深度往往为 600mm，远小于标准机柜 1200mm 的深度；从地理距离上看，边缘云的距离更加靠近路侧边缘的感知与传输设备，并为其提供计算与存储资源；从资源大小上看，边缘云承载着短期存储数据以及轻量级、低延时、高效的数据计算任务，边缘云的存储空间不会太大，一般不会超过 2PB，采用集中式存储的架构比较多，对于算力、数据安全、远程部署与自动升级、连接的鲁棒性要求很高。核心云的特征：从尺寸规格来看，核心云作为 IT 架构最后端的云，往往具有"数据中心级别"，按照标准机架的数量，少则数百台（达到小型数据中心规模），多则数千台至上万台（达到中型、大型数据中心规模），并且具备完善的供配电设备、给排水设备、消防设备等；从地理距离上看，往往距离自动驾驶路侧较远，很多核心云甚至处于地广人稀之地；从资源大小上看，核心云具备十几 PB 甚至 EB 规模的存储资源，用于核心数据的归档冷备，其分布式计算架构可以提供强大的算力，能够轻松应对高并发查询时的压力。

4.12.2　主要问题与挑战

1. 在车载数据存储方面

1）车辆振动导致数据完整性难以保障。车辆行驶过程中振动剧烈导致存储设备接口易松动，存储设备内部的元器件易损坏，数据写入难以保证完整性。传统的大容量机械硬盘由于机械式的结构，无法抵抗行车振动环境，极易导致碟片的划伤和磁头的损坏。而嵌入式的闪存设备（例如 E.MMC、UFS）得益于板载方式，抗振性能比较强，但容量太小（目前业界新推出的最高容量为 1TB，主流容量为 64～256GB），只能存储小文件数据（例如车载系统及应用软件、高精地图等）。

2）行车环境温度变化范围大，存储单元难以符合车规级要求。根据车规级要求，乘客舱内的部件应当满足 -40～85℃的工作温度要求，部分消费级存储设备难以满足车规级要求，在剧烈的温度变化下，车载存储单元的半导体晶圆特性会发生变化，从而引发故障，导致行车过程中数据写入中断，无法保障数据采集工作。

3）车辆频繁起停，终端数据写入频繁中断。自动驾驶训练车在行驶过程中可能会遇到各种突发状况，不得不停车熄火，例如停车加油、接受交通检查、中途休息等。车辆起停导致存储单元频繁下电和上电，对存储器的电压承受能力提出了很高的要求，与此同时，如果在存储器写入数据的过程中断电，则会导致数据写入中断，甚至数据丢失。

4）车载存储器容量偏小，无法满足车辆采集数据量要求。每辆车每天将采集 4～15TB 的数据，这对于车内存储器的容量要求提出了不小的挑战。目前，业界普遍使用容量相对较大的固态硬盘，将其放入车载工控机内记录数据，而业界主流的大容量固态硬盘每片容量也不过 4TB，至少需要工控机内具有 3 或 4 个槽位才能保证安全，更大容量（例如 8TB）的固态硬盘价格十分昂贵，这样带来的成本和选择范围上的挑战是比较大的。

2. 在车载数据迁移方面

当前，业界缺乏专门用于智能驾驶领域数据离线传输的解决方案，使得研发企业只能通过某些临时替代方案来自行解决。较常见的一种方式是通过将车体内部固态硬盘从车载计算单元拆下并迁移到数据中心，这带来的挑战是工作效率低下、固态硬盘暴露在外容易损坏并导致数据丢失。此外，部分企业会通过 NAS 阵列将多辆车内收集的数据复制下来，再将 NAS 阵列中的数据复制至数据中心服务器中，这种方式在一定程度上提升了效率，一次可以集中卸载十几辆车的数据。但是，NAS 阵列不属于工业级设备，难以承受长时间的振动和运输，容易导致内部磁盘接口松动、零部件损坏、数据丢失。因此，研发并推出适合长途离线运输，且具有数据安全保护功能的大容量设备迫在眉睫。

3. 在云端数据存储、计算、冷备方面

1）边缘云与核心云的规划不清晰。目前，企业针对自动驾驶研发的 IT 架构，多数以单个核心云为主，往往不规划边缘云。这一方面是因为整个自动驾驶产业的规模量产还未到来，研发与运营所需的数据存储与计算暂不需要大规模的 IT 架构；另一方面是因为 V2X 的发展还未实现规模化与普惠化，暂未产生边缘侧基础设施的旺盛需求，无法带动边缘云上下游产业链的规模化发展。在自动驾驶数字化场景下，如果 AI 模型的训练与推理全部在云端，则需要将企业数据从边缘传感器节点实时上传至云端，从而带来实时性、可靠性、数据隐私保护以及通信成本的挑战；如果 AI 模型完全在边缘计算节点训练与推理，例如在本地运行 DNN 模型的计算密集型算法，则非常耗费资源，需要在本地配置高端的 AI 芯片，而且与计算能力有限的现有边缘设备难以兼容。因此，需要合理规划边缘云与核心云，并在边缘云与核心云中合理部署人工智能模型的训练与推理功能，这有利于构建成本最优的边缘智能解决方案与服务。

2）单一计算平台难以适应自动驾驶场景化需求。随着自动驾驶、车联网等应用场景需求的兴起，应用越来越场景化与多样化，这使数据的多样性（语音、文本、图片、视频等）以及用户对应用体验的要求不断提高。计算密集型应用需要计算平台执行逻辑复杂的调度任务。而数据密集型应用则需要高效率地完成海量数据的存储与处理。这就使得单一计算平台难以适应未来自动驾驶业务场景化与多样化的要求，将计算密集型与数据密集型的应用按照基础硬件设备进行"物理化"区隔，实现"存算分离"，显得尤为重要。

3）满足需求的边缘计算基础设施还未形成完善的规范。边缘云站点虽然单点设备数量有限，但设备种类覆盖较广，其 IT 堆栈与传统的数据中心相比没有太大差异，因此，对于边缘云站点的建设与运营维护都提出了较高的要求；而传统站点的建设模式从设计到业务上线至少需要 3 个月的时间，需要协调多

方招标与实施，而且没有针对多站点的集中监控与统一运营维护方案，这就增加了边缘云站点的管理与运营维护难度。另外，由于边缘云站点的环境相对恶劣，且边缘云业务在时延、带宽、算力、AI 方面存在个性化的诉求，如果使用通用硬件，则难以承受恶劣环境，要求风、火、水、电等特殊改造，使最终客户成本增加。

4.12.3　预期目标

1. 短期（2021—2022 年）

车端存储接口仍以 SATA 为主、PCIe 为辅，容量普遍集中在 1.92 ~ 3.84TB。符合工业级要求（防摔、防水、防尘、防电磁等）、大容量、数据安全保护机制的数据存储迁移设备被业界使用；全国 50% 及以上自动驾驶研发企业实现混合云架构或全面私有云架构，进一步降低成本并提升企业 IT 建设与运营维护能力。针对 AI 训练的不同阶段，以及 I/O 性能与数据存储的不同要求，初步完成 IT 基础设施建设的差异化。全国智能驾驶示范区进一步完成智能化改造，并具备边缘云站点。

2. 中期（2023—2025 年）

车端存储介质越来越多地向 SLC Nand/eMMC/UFS 的嵌入式闪存设备发展；符合工业级要求（防摔、防水、防尘、防电磁等）、超大容量、具备较强数据安全保护机制，可进行在线管理，可与车内计算平台及云端服务器设备无缝对接的数据存储设备开始大规模应用；全国 70% 及以上的自动驾驶研发企业采用混合云或全面私有云。针对 AI 训练的不同阶段，以及 I/O 性能与数据存储的不同要求，基本完成 IT 基础设施建设的差异化。机房建设基本实现异构计算、存算分离。全国主要城市的示范道路要完成中高度的智能化改造，并相应配备边缘计算存储站点，实现边缘云与核心云数据中心的联动。

3. 长期（2025 年以后）

车端存储介质除 SLC Nand、eMMC 外，大容量的 UFS 和 PCIe 固态硬盘将广泛应用。汽车内存符合 ISO 26262、AEC-Q100 和 IATF 16949 等车规级标准；车内实现计算与存储分离的 IT 架构，数据存储与迁移设备成为自动驾驶汽车的标配。该设备具有车规级别、超大容量、高速率、易安装卸载、高度数据安全保护机制、可与车内计算平台及边缘云服务器设备无缝对接等特点；全国 90% 及以上的自动驾驶研发企业采用混合云或全面私有云。机房建设全面实现异构计算、存算分离。数据基础设施建设基本实现存储智能化（根据历史记录进行预测并动态调整、分配存储计算资源）与闪存化（全闪存阵列以及 NVMe 固态硬盘的规模化普及）。全国主要城市的主要道路、非主要城市的部分道路实现中高度的智能化改造并配备边缘计算存储站点，实现车—边缘云—核心云的信息联动，全面实现训练与备份任务放在云端、需快速响应的推理任务放在边缘处理。

4.12.4　实现路径

1. 制定政策法规与行业标准

推动无安全员自动驾驶车辆的行车安全与合规方面的技术标准制定，明确"黑盒子"的功能要求（记录时长、记录数据类型、数据权属、事故责任方等）与技术要求（容量、接口、通信协议等，需与车载域控制器协同发展），有针对性地在政策法规中进行相应限制与规定。

2. 推动上下游产业链兼容性互认

协同上下游产业链共同明确数据计算和数据存储的要求明细，分场景、分级别、分功能对数据计算与存储要求进行分类，有针对性地推动计算芯片企业、存储企业与域控制器厂商、算法软件厂商、主机厂之间进行兼容性互认测试；明确未来自动驾驶行业的硬件接口标准与通信协议；推动未来主流趋势的高速率协议接口作为标准化车载数据接口；适配主流的服务器、外置存储接口规范（例如 SAS、FC、iSCSi 等）以及未来的服务器接口发展规划；明确车载存储设备和离线数据迁移设备的车规级要求，在外观制造、存储容量大小、数据校验和保护、数据通信稳定性、数据传输速率、断电保护等方面满足车规级要求；尽快推动相关行业标准的制定。

3. 推动形成数据运营商业闭环

硬件厂商、算法研发厂商、解决方案集成商、运营平台、车载数据生态链的上下游企业紧密沟通，形成数据变现的商业生态闭环。打通车厂、数据运营方、私家车库管理方、汽车维修中心、充电站等，确保每一方在车载数据流动与交易过程中有利可图，形成稳固的商业合作模式。

4.12.5　分场景路线图

数据应用路线图见表 4 - 15。

表 4 - 15　数据应用路线图

预期目标	短期（2021—2022 年）	中期（2023—2025 年）	长期（2025 年以后）
车端	车端存储接口仍以 SATA 为主、PCIe 为辅，容量普遍集中在 1.92 ~ 3.84TB。符合工业级要求（防摔、防水、防尘、防电磁等）、大容量、数据安全保护机制的数据存储迁移设备被业界使用	车端存储介质越来越多地向 SLC Nand/eMMC/UFS 的嵌入式闪存设备发展；符合工业级要求（防摔、防水、防尘、防电磁等）、超大容量、具备较强数据安全保护机制，可进行在线管理，可与车内计算平台及云端服务器设备无缝对接的数据存储设备开始大规模应用	车端存储介质除 SLC Nand、eMMC 外，大容量的 UFS 和 PCIe 固态硬盘将广泛应用。汽车内存符合 ISO 26262、AEC-Q100 和 IATF 16949 等车规级标准；车内实现计算与存储分离的 IT 架构，数据存储与迁移设备成为自动驾驶汽车的标配。该设备具有车规级别、超大容量、高速率、易安装卸载、高度数据安全保护机制、可与车内计算平台及边缘云服务器设备无缝对接等特点
云端	全国 50% 及以上自动驾驶研发企业实现混合云架构或全面私有云架构，进一步降低成本并提升企业 IT 建设与运营维护能力。针对 AI 训练的不同阶段，以及 I/O 性能与数据存储的不同要求，初步完成 IT 基础设施建设的差异化	全国 70% 及以上的自动驾驶研发企业采用混合云或全面私有云。针对 AI 训练的不同阶段，以及 I/O 性能与数据存储的不同要求，基本完成 IT 基础设施建设的差异化。机房建设基本实现异构计算、存算分离	全国 90% 及以上的自动驾驶研发企业采用混合云或全面私有云，机房建设全面实现异构计算、存算分离。数据基础设施建设基本实现存储智能化（根据历史记录进行预测并动态调整、分配存储计算资源）与闪存化（全闪存阵列以及 NVMe 固态硬盘的规模化普及）
路端	全国智能驾驶示范区进一步完成智能化改造，并具备边缘云站点	全国主要城市的示范道路要完成中高度的智能化改造，并相应配备边缘计算存储站点，实现边缘云与核心云数据中心的联动	全国主要城市的主要道路、非主要城市的部分道路实现中高度的智能化改造并配备边缘计算存储站点，实现车 - 边缘云 - 核心云的信息联动，全面实现训练与备份任务放在云端、需要快速响应的推理任务放在边缘处理

第 5 章

展望与发展建议

Chapter 05

5.1　贯彻顶层设计，凝聚行业共识与战略协同

依托国家政策指导，在我国智能网联汽车行业内形成发展战略、关键技术等层面的共识。切实贯彻十一部委联合印发的《智能汽车创新发展战略》等国家顶层规划设计，围绕我国标准智能网联汽车发展方向与智能汽车强国建设目标，进一步加强跨部门、跨行业协同与融合，明确目标、任务、分工、保障措施，为智能网联汽车应用提供保障。

充分发挥工业和信息化部智能网联汽车推进组（ICV-2035）组织管理作用，汇聚各方力量，加快推动关键技术研发，研究产品管理办法与标准、优化政策环境、打造产业应用生态。

5.2　加速法规标准修订，支持自动驾驶汽车规模应用

1）突破生产准入、质量管控、注册登记、地图测绘、安全监管、责任认定、信息安全、隐私保护等方面对智能网联汽车大规模应用的限制。围绕智能网联汽车的全生命周期，从生产准入、质量管控、注册登记、地图测绘、安全监管、责任认定、信息安全、隐私保护、金融保险等角度全面分析我国现有法律、标准体系、行业规范等对智能网联汽车大规模应用的限制。在保障安全的前提下，快速灵活地进行法规标准的制修订，适应技术和产业发展需求。通过豁免、解释等方式，营造良好的创新氛围，逐步形成高级别智能网联汽车在高速公路测试验证、营运车辆商业化探索、L3 级及以上智能网联汽车产品准入管理等方面的管理办法。

2）加强智能网联汽车产品管理与使用管理，明确安全责任主体，提升产品监管能力与信息安全防控能力，切实打消智能网联汽车应用顾虑。加强智能网联

汽车产品管理与使用管理，保证车辆的全生命周期安全可控，构建质量安全、功能安全防控体系，明确安全责任主体。强化信息安全防控，完善安全管理联动机制，提升网络安全防护能力和数据安全监管能力。同时，依托智能网联汽车道路测试与各类示范应用，加强科普宣传和舆论引导，增强参与感和体验感，提高社会认知度和接受度。

5.3　推进核心技术突破，提升端、云基础设施水平

1）集合行业力量加速技术突破与产品化，以构筑我国智能网联汽车创新应用基础。充分发挥国家级创新中心、产业创新联盟等的积极作用，加强国内整车、零部件、软件、电子、互联网等企业的协同合作，一方面，在智能网联汽车产业链上形成关键技术层面共识，共同推动"中国方案"智能网联汽车产业发展；另一方面，形成跨产业协同机制，推动前沿共性关键基础技术突破，以生态主导型企业为龙头建设首次商业化平台，加快产业化发展和价值链培育，完善知识产权等成果的共享机制，打造各类市场主体互融共生、分工合作、利益共享的新型产业生态体系。

2）以"新基建"为契机，加速云控基础数据平台、高精动态地图、智能化道路设施、5G 车用网络、北斗增强基站等基础设施建设。加强前瞻性规划和布局，升级基础设施，加快信号灯、交通标识等道路基础设施的信息化和接口标准化改造，推动 LTE-V2X 等路侧设备部署，在城市新区规划和建设中推进道路网、信息网、交通网、能源网集成融合的示范建设项目，打造开放型智能网联汽车基础数据云平台。推动电信运营商在高速公路、城市主干道、城市道路和停车场等相关区域加快 C-V2X 网络部署，优化网络覆盖，实现全国主要干道的 LTE-V2X 网络广泛覆盖与 5G-V2X 的前瞻部署。

5.4　扩大应用示范，探索培育各类场景应用下的商业模式

结合国家级车联网先导区、"双智"城市试点、政策先行区、雄安新区等建设契机，推进智能网联汽车、智能交通系统规划建设的示范应用。一方面，构建覆盖仿真测试、道路测试、特定场景示范到大规模城市级综合应用的多层次立体式示范体系。通过城市级示范应用，加速 V2X 网络、路侧基础设施的部署，丰富智能网联汽车应用场景，实现智能化与网联化的深度耦合，构建开放融合、创

新发展的产业生态，形成可复制、可推广的经验做法，依托丰富的城市道路交通场景，探索解决产业化过程中的关键问题。另一方面，依托北京市智能网联汽车政策先行区、深圳市智能网联汽车立法创新等区域性探索，推动政策、体制创新，逐步放开高级别智能网联汽车应用限制，创造更多应用场景，探索商业模式。在有条件的区域，充分发挥市场作用，探索培育各类场景应用下的商业模式，打通智能网联汽车、智能交通系统的业务逻辑，形成各类市场主体互融共生、分工合作、利益共享的新型产业生态体系，实现产业高质量、可持续发展。

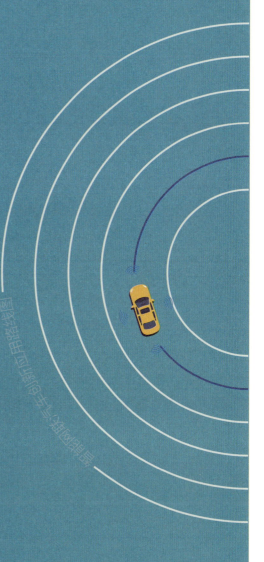

附 录

Appendix

附录 A　各场景智能网联汽车标准体系建设建议

场景	标准分类	标准项目
停车场（库）自主代客泊车	车辆关键技术	记忆泊车系统技术要求
		自主代客泊车系统、车端系统场地试验方法及要求
	信息交互关键技术	自主代客泊车地图与定位技术要求
		自主代客泊车停车场技术要求
	基础支撑关键技术	自主代客泊车系统、车－场通信数据交互内容
乘用车高速公路自动驾驶	车辆关键技术	自动驾驶系统通用技术要求
		智能网联汽车设计运行条件
		自动驾驶系统数据记录要求及试验方法
	基础支撑关键技术	自动驾驶功能道路试验方法及要求
客车自动驾驶	车辆关键技术	公交客车前向碰撞减缓系统操作、性能和验证要求
		自动驾驶客车横纵向控制安全技术要求
		自动驾驶客车自动驾驶能力评估内容与方法
	基础支撑关键技术	智能网联公交车自动驾驶功能场地测试方法
		自动驾驶中小型客车商业运营示范应用指南
		自动驾驶客车测试运营规范与安全管理要求
场内货运	车辆关键技术	自动驾驶车辆底盘技术指标
		自动驾驶车辆底盘技术功能安全要求
		自动驾驶车辆底盘技术测试方法
	信息交互关键技术	场内货运自动驾驶车辆接口规范（与车队管理系统、场内作业设备、场内作业系统之间的通信协议、数据交互内容、数据交互格式等）
	基础支撑关键技术	场内货运作业运行流程规范
矿山运输	车辆关键技术	露天矿无人驾驶运输总体要求
		无人驾驶矿用卡车设计要求
		矿用辅助作业车辆设计要求
		矿用自动驾驶自卸车车载端信息安全技术要求
		矿用自卸车自动驾驶线控技术

（续）

场景	标准分类	标准项目
矿山运输	车辆关键技术	矿用自卸车无人驾驶系统
		矿用自卸车自动紧急制动系统（AEBS）性能要求及试验方法
	信息交互关键技术	露天矿区路车协同程度
		露天矿区高精度地图设计制作
	基础支撑关键技术	智能矿山基础设施与车辆交互标准
		智能矿山调度平台总体设计标准
		智能矿山路权管控分配标准
功能型无人车（末端配送、环卫清扫、巡逻侦察）	车辆关键技术	面向功能型任务的环境感知系统要求
		功能型无人车新型传感器接口规范
		功能任务决策系统性能要求及试验方法
		全线控底盘执行系统性能要求与评价方法
		多轮分布式驱动系统功能、性能要求及评价方法
		多轮独立转向系统功能、性能要求及评价方法
		独立作动车轮系统功能、性能要求及评价方法
		远程控制系统功能、性能要求及评价方法
		人工接管控制系统功能、性能要求及评价方法
		功能型无人车整车设计规范
		功能任务模块技术要求与测试方法
		功能模块与平台模块安装与插接技术要求
		功能型无人车功能安全技术要求与测试方法
		功能型无人车安全员交互设计指南
		功能型无人车报警信号设计规范
		功能型无人车人机交互系统性能要求及试验方法
		功能型无人车功能任务软件系统技术要求
	信息交互关键技术	功能任务模块与自动驾驶模块数据交互标准
		功能型无人车单车与云端调度系统交互标准
		功能型无人车云端监控与调度平台技术要求
		功能型无人车车端功能任务事件记录系统
		群体协同感知与控制功能要求及测试方法

（续）

场景	标准分类	标准项目
功能型 无人车 （末端配送、 环卫清扫、 巡逻侦察）	信息交互关键技术	功能型任务路侧装备系统功能要求及测试方法
		面向群体运营的云端调度系统性能要求及试验方法
	基础支撑关键技术	功能型无人车功能任务信息安全技术要求
		功能型无人车远程操控终端信息安全要求
		功能型无人车云端监控与调度平台信息安全要求
		功能型无人车特殊环境要素模型与交换格式
		功能型无人车功能任务定位技术要求与测试方法
		功能型无人车功能任务性能评价通用规范
		功能型无人车环境感知系统测试评价方法
		功能型无人车云端调度系统测试评价方法
		功能型无人车控制执行系统测试评价方法
		功能型无人车远程控制系统功能及性能评价通用 规范
		功能型无人车测试场设计规范
		功能型无人车设计运行区域
		功能型无人车功能任务示范应用指南

附录 B　主要参与单位与专家

分类	单位	专家姓名
组长	国家智能网联汽车创新中心	刘卫国
副组长	国家智能网联汽车创新中心	李乔
主要执笔 单位	国家智能网联汽车创新中心	霍克、陈桂华、张泽忠、李晓龙、 刘宏骏、姜昊、李欢欢、刘璟、李明、 郭利荣、于胜波、杨忠伟、彭佳辉
	中国汽车工程学会	冯锦山、孙宁
	北京理工大学	倪俊
	北京航空航天大学	周彬、廖亚萍
	中国第一汽车集团有限公司	崔茂源、孙连明、彭晓宇、陶沛

（续）

分类	单位	专家姓名
主要执笔单位	东风悦享科技有限公司	李凯、曹恺、张驰、陆鑫、张蕾
	陕西汽车集团股份有限公司	薛令阳、黄茂、李维晋、王远波
	宇通客车股份有限公司	林明、任永利、马辉辉、李博
	北京主线科技有限公司	王里、王超
	北京图森智途科技有限公司	徐勇、宋天一、李梦辉、吴楠
	北京智行者科技有限公司	李波、张放、王肖、李晓飞、沈汛
	纵目科技（上海）股份有限公司	唐锐、黄洁、余奕、于水玲
	希捷科技（苏州）有限公司	孙丹、张晖、杨泽宏、张晔
研究机构及高校	中汽研汽车检验中心（天津）有限公司	马文博、王博通、王新明、黄晓延
	中国汽车工程研究院有限公司	邓长祯
	中国信息通信研究院	康陈
	航天二院二〇六所	蒋大伟
	湖南大学	胡满江、边有钢
	中国矿业大学	于淼
	北京理工大学重庆创新中心	关超文
	湖南大学无锡智能控制研究院	徐彪、秦洪懋
整车企业	东风汽车集团股份有限公司技术中心	赵奕铭、郭剑锐、裴双红、程周
	北汽福田汽车股份有限公司	田俊涛、金大鹏、王宁
	广州小鹏汽车科技有限公司	张风波、彭晓阳、曹洋、王潼
	毫末智行科技有限公司	葛建勇、张凯、甄龙豹、赵博、安洪雨、闫海翠
	上汽通用五菱汽车股份有限公司	潘涛、钟作腾
	上海汽车集团零束软件分公司	郭建飞
	安徽安凯汽车股份有限公司	李韧、袁明、王法龙
	内蒙古北方重型汽车股份有限公司	郭海全、王逢全
	中国重型汽车集团有限公司	田磊
	日产（中国）投资有限公司	姚晓蓉、庄龙德、清月
	沃尔沃汽车（亚太）投资控股有限公司	郭跃宁

（续）

分类	单位	专家姓名
整车企业	捷豹路虎（中国）投资有限公司	张宏卓、王加文
	小米汽车科技有限公司	周德阳
	国汽（北京）检测技术有限公司	刘伟平、范志鹏、白创
	华为技术有限公司	高永强、夏媛、李博、王博文、李洋
	上海华为技术有限公司	吴玮
	北京大唐高鸿数据网络技术有限公司	胡金玲、房家奕
	北京踏歌科技有限公司	余贵珍、李康
	北京小马智行科技有限公司	滕学蓓、朱中和、张宁、王彊
	北京百度网讯科技有限公司	宋德王、朱聪
	安途智行科技有限公司（AutoX）	梁惠、杨蕾
	广州文远知行科技有限公司	徐春鹏
	北京四维图新科技股份有限公司	黄刚、闫春利、余晶
零部件与信息科技企业	东软睿驰汽车技术（沈阳）有限公司	刘威、胡骏、王卢阳
	上海滴滴沃芽科技有限公司	黄志诚、高红、赵兴华
	北京佐思信息咨询有限责任公司	余杰
	赢彻科技（浙江）有限公司	富源振、刘立娜
	北京停简单信息技术有限公司	王钢
	惠州市德赛西威汽车电子股份有限公司	覃韶辉
	中移（上海）信息通信科技有限公司	黄庭、敖婷
	采埃孚（上海）管理有限公司	武建勇
	仓擎智能科技（上海）有限公司	孙崇华
	驭势科技（北京）有限公司	董万亮
	国汽智控（北京）科技有限公司	田思波、丛伟
	北京翠湖智能网联科技发展有限公司	张春红

（续）

分类	单位	专家姓名
零部件与信息科技企业	深圳市易成自动驾驶技术有限公司	宋朝忠、钟应鹏
	北京初速度科技有限公司	马琛
	北京小马智卡科技有限公司	滕学蓓、朱中和、王彊、李衡宇
	驭势（上海）汽车科技有限公司	叶凌峡
	上海智驾汽车科技有限公司	杨腾飞、郭恩庆
	新石器慧通（北京）科技有限公司	倪鹏、余恩源
	北京京东乾石科技有限公司	王强、桂晨光、王哲、曲丽丽
	北京三快在线科技有限公司	夏华夏、郎丹
	长沙行深智能科技有限公司	安向京、渠军、胡庭波、陈洪标
	阿里巴巴达摩院自动驾驶实验室	高俊龙、郭振宇、王琳、苏奎
	北京艾上智能科技有限公司	陈子贤、夏磊
	上海易咖智车科技有限公司	柏俊波、钱晓东、沈晓伟
	长沙智能驾驶研究院有限公司	龚强、左龙、朱建能
	北京环卫集团环卫装备有限公司	苏伟、胡景林、王营
	深兰科技（上海）有限公司	赵旭、李智勇
	长沙万为机器人有限公司	李金波
	清智汽车科技（苏州）有限公司	刘菁、李星男
	包头钢铁（集团）有限责任公司	王瑞英
	安徽海博智能科技有限责任公司	潘伟
	易图通科技（北京）有限公司	汤咏林、刘秋平
	上海智能网联汽车技术中心有限公司	洪源
	中储南京智慧物流科技有限公司	李冠瑾、刀阳
	上海弼马智能科技有限公司	李超